utb 4452

Eine Arbeitsgemeinschaft der Verlage

Brill | Schöningh – Fink · Paderborn
Brill | Vandenhoeck & Ruprecht · Göttingen – Böhlau · Wien · Köln
Verlag Barbara Budrich · Opladen · Toronto
facultas · Wien
Haupt Verlag · Bern
Verlag Julius Klinkhardt · Bad Heilbrunn
Mohr Siebeck · Tübingen
Narr Francke Attempto Verlag – expert verlag · Tübingen
Psychiatrie Verlag · Köln
Ernst Reinhardt Verlag · München
transcript Verlag · Bielefeld
Verlag Eugen Ulmer · Stuttgart
UVK Verlag · München
Waxmann · Münster · New York
wbv Publikation · Bielefeld
Wochenschau Verlag · Frankfurt am Main

Jutta Wergen

Promotionsplanung und Exposé

Die ersten Schritte auf dem Weg zur Dissertation

4. Auflage

Verlag Barbara Budrich
Opladen & Toronto 2024

Die Autorin:
Dr. Jutta Wergen
Koordinatorin, Schreibtrainerin und Coach in der Promotionsförderung
https://coachingzonen-wissenschaft.de/

Bibliografische Information der Deutschen Nationalbibliothek
Die Deutsche Nationalbibliothek verzeichnet diese Publikation in der Deutschen Nationalbibliografie; detaillierte bibliografische Daten sind im Internet über https://portal.dnb.de abrufbar.

Gedruckt auf FSC®-zertifiziertem Papier, CO_2-kompensierte Produktion. Mehr Informationen unter https://budrich.de/nachhaltigkeit/. Printed in Germany.

www.budrich.de

utb-Bandnr.	**4452**
utb-ISBN	**978-3-8252- 6198-6**
utb-e-ISBN	**978-3-8385-6198-1 (PDF)**
DOI	**10.36198/9783838561981**

Druck: Elanders Waiblingen GmbH, Waiblingen
Umschlaggestaltung: siegel konzeption | gestaltung

Vorwort

Da ich seit fast 25 Jahren in der Graduiertenförderung tätig bin - zunächst als wissenschaftliche Mitarbeiterin an verschiedenen Universitäten, dann zusätzlich als freiberufliche Trainerin und Coach an Universitäten und Fachhochschulen - begegne ich täglich vielen Fragen und Problemen von Promovierenden.

Dieses Buch richtet sich an alle, die noch mit dem Gedanken spielen zu promovieren, und an alle, die sich – mehr oder weniger – schon dafür entschieden haben. Es gibt ehrliche Antworten auf typische Fragen von Promovierenden und viele Tipps, wie man die Herausforderungen des Promovierens sinnvoll und mit optimiertem Zeit- und Energieaufwand meistern kann. Besonders hilfreich ist das Buch auch für alle, die ein Exposé schreiben müssen, denn es bietet Informationen, Übungen und Arbeitsblätter, die das Verfassen des Exposés erleichtern.

Aber auch für diejenigen, die sich bereits mitten im Promotionsprozess befinden und sich – mehr oder weniger heimlich – wünschen, ihre Promotion nie begonnen zu haben, ist dieses Buch geeignet. Es erleichtert nicht nur die Entscheidung für oder gegen eine weitere Promotion, sondern gibt auch ganz praktische Hilfestellungen, wie die wahrgenommenen Hürden durch relativ einfache Maßnahmen auf ein erträgliches Maß reduziert werden können.

Mein besonderer Dank gilt allen Doktorandinnen und Doktoranden, die ich in Workshops, in meinen Online-Kursen „Projektförderung“ oder in Einzelberatungen vor, während oder nach ihrer Promotion beraten und unterstützen durfte. Mit ihren Fragen, Anliegen und Problemen haben sie mich motiviert, dieses Buch ehrlich und praxisnah zu formulieren. Ihnen ist dieses Buch gewidmet!

Duisburg im Oktober 2023

INHALT

1 Einleitung

Für wen ist dieses Buch geeignet?

Dieses Buch soll es Ihnen ermöglichen, sich umfassend über das Promovieren zu informieren, sich auf die Promotion vorzubereiten und die eigene Promotionsphase zu planen und zu gestalten. „Promovieren – wie geht das?“ und „Wie schreibe ich ein Exposé?“ sind die Fragen, die in diesem Buch beantwortet werden.

Es gibt viele Wege und Motive zur Promotion. Einige Promovierende entscheiden sich dazu, direkt im Anschluss an das Studium zu promovieren, z.B. weil sie ein interessantes Promotionsthema angeboten bekommen, andere stellen erst nach ein paar Jahren Berufstätigkeit fest, dass die Wissenschaft auch Spaß machen würde – manchmal gibt es auch Menschen, die erst nach ihrer Berufstätigkeit, sozusagen „in Rente“ promovieren. Aber nicht nur die Wege hin zur Promotion sind unterschiedlich. Es gibt auch vielfältige Formen der Promotion, also der Promotionsstrukturen.[1] Und: Die Zahl der Promovierenden nimmt stetig zu! Im Jahr 2013 promovierten in Deutschland ca. 200.000 Menschen (BuWiN 2013).

Doch nicht nur die gestiegene Zahl der Promovierenden zeigt einen Wandel des Promovierens. Denn auch die Studienstrukturen und die Promotionsphase wurden durch den Bologna-Prozess verändert. Durch die Einrichtung unterschiedlicher strukturierter Promotionsprogramme wie Graduiertenkollegs und durch die Entwicklungen der Exzellenzinitiative des Bundes und der Länder findet die Ausbildung des wissenschaftlichen Nachwuchses zurzeit zeitgleich zum Teil in den alten Formen der Individualpromotion sowie zunehmend auch in strukturierten Formen von Graduiertenkollegs und Graduiertenschulen statt. Darüber hinaus spielt auch die jeweilige Universität und Fachdisziplin eine Rolle, was z.T. gravierende Unterschiede in den einzelnen Promotionsprozessen bedeutet.

Ebenfalls unterschiedlich sind die Zugangswege zur Promotion: Manche Absolvent*innen schließen direkt nach dem Studium eine Promotion an, andere promovieren extern parallel zu ihrer Berufstätigkeit oder sogar erst im Anschluss an eine Phase der Berufstätigkeit. Unterschiedlich sind Promotionen auch, was ihre Dauer angeht und den erwünschten Umfang der Dissertation. Und auch die Zeitpunkte der Promotion im eigenen Karriereverlauf variieren: Eine Promotion im Fach Medizin wird oftmals bereits zum Ende des Studiums begonnen. Mediziner*innen promovieren oft früher und schneller,

1 In einem Glossar (ab S. 165) werden wichtige Begriffe zur Promotion erklärt.

und ihre Dissertationen sind kürzer als die von Promovierenden anderer Fachdisziplinen. Neben den Unterschieden des Promovierens zwischen den Fachdisziplinen gibt es natürlich auch Unterschiede, die die Karriereperspektiven von Promovierten betreffen. Einige Promovierende planen, eine wissenschaftliche Laufbahn einzuschlagen z. B. indem sie eine Professur besetzen wollen, andere wollen ihre Position im nichtwissenschaftlichen Beruf verbessern und wieder andere wissen gar nicht so genau, was sie eigentlich mit einer Promotion anstellen werden.

Promovierende unterscheiden sich also stark voneinander, was u. a. die Motive, den Promotionsprozess, den Zeitpunkt der Promotion sowie die genauen Bedingungen der Promotion angeht.

Dieses Buch richtet sich an *alle* Promovierenden. Dabei ist es egal, ob Sie schon mitten im Promotionsprozess stecken, oder sich erst noch überlegen, ob Sie überhaupt promovieren möchten. Es ist auch egal, warum und unter welchen Bedingungen Sie promovieren (möchten). Ihnen allen kann dieser Ratgeber wertvolle Tipps geben, wie der Promotionsprozess so problemlos wie möglich und gleichzeitig erfolgreich abgeschlossen werden kann.

Welche typischen Herausforderungen bringt eine Promotion mit sich?

Promovierende sind, obwohl sie eine eigenständige Forschungsleistung erbringen, abhängig. Ihre Arbeit wird mittels eines Gutachtens bewertet und in einer Disputation oder einem Rigorosum werden sie am Ende der Promotionsphase von einer Kommission geprüft. Sie sind lange Zeit an ihr Promotionsthema, die Promotionsbetreuung und manchmal auch finanziell an Forschungsprojekte oder Stipendien gebunden. Dabei haben sie keinen rechtlichen Anspruch auf eine faire Betreuung und Bewertung. Nicht immer ist garantiert, dass sie zufriedenstellend betreut werden, gerade dann, wenn ihre Promotionsbetreuung z.B. im Unialltag, in Forschungsfreisemestern, mit anderen Promotionen oder anderweitig zeitlich stark eingebunden ist.

Gleichzeitig entstehen im Laufe fast jeder Promotion unweigerlich Zweifel, was das eigene Forschungsthema, den Sinn des „Vorhabens Promotion" an sich und die damit verbundenen Karriereperspektiven angeht. Fast noch schlimmer empfinden viele Promovierende jedoch das im Promotionsverlauf oft entstehende Gefühl, dass die eigene Leistung unzureichend ist und es auch an der eigenen Fähigkeit fehlt, dieses langwierige Projekt überhaupt zu einem Ende bringen zu können. Die Zweifel nagen am Selbstbewusstsein, was noch dadurch verstärkt wird, dass das als überkritisch empfundene wissenschaftliche Umfeld nicht gerade zur Selbstreflexion einlädt.

Zweifel können besonders nicht gegenüber den Promotionsbetreuenden eingestanden werden, schon gar nicht, wenn die Promotionsbetreuenden noch Vorgesetzte in einem Forschungsprojekt sind und Promovierende sich dazu in einem finanziellen Abhängigkeitsverhältnis befinden.

Promovierende werden mit der verpflichtenden Veröffentlichung ihrer Dissertation sichtbar, und müssen sie sich nach Abgabe der Dissertation in der Disputation oder durch spätere Rezensionen ihrer Forschungsarbeit der Kritik stellen. Dieses Wissen führt zu weiteren Zweifeln.

Es verwundert also nicht, dass sich manch eine Promovendin und sich so mancher Promovend gegen eine Promotion entschieden hätte, wenn er/sie vorher gewusst hätte, welche Mühsal mit einer Promotion verbunden sind. Manch abgebrochene Promotion wäre dann gar nicht erst begonnen worden. Genau hier setzt das Buch an. Denn es ist für den Erfolg eines Promotionsprozesses entscheidend, dass diejenigen Promovierenden, die die typischen Probleme und Belastungen während des Promotionsprozesses erleben, wissen, wo sie Hilfe bekommen können, sodass sie sich nicht gezwungen sehen, verzweifelt und mit einem reduzierten Selbstwertgefühl das Promovieren abzubrechen!

Dieser Promotionsratgeber hat zum Ziel, Promovierende in der Entscheidungs- und Anfangsphase zu unterstützen. Sollte das Lesen des Promotions- und Exposé-Ratgebers dazu führen, dass sich promotionsinteressierte Menschen gegen eine Promotion entscheiden, ist das auch gut. Denen jedoch, die sich imstande sehen, die in diesem Buch geschilderten Probleme zu meistern und die durchstarten wollen, soll es jedoch Mut machen und Orientierung bieten!

> Eine Promotion ist nicht mit einer Joggingrunde, sondern eher mit einem Marathonlauf vergleichbar. Darum soll Ihnen dieser Ratgeber eine realistische Entscheidungsgrundlage bieten und vor allem auf den Promotionsmarathon vorbereiten.

Wie können Sie dieses Buch nutzen?

Die Vorbereitungsphase der Promotion umfasst üblicherweise folgende Schritte:

- Die Formalitäten zur Zulassung müssen geklärt werden.
- Ein Thema muss gefunden und so eingegrenzt werden, dass es in der zur Verfügung stehenden Zeit zu wissenschaftlich relevanten Ergebnissen führt.
- Ein Exposé für die Dissertation muss entwickelt werden.
- Eine passende Promotionsbetreuung muss gefunden, und eine Betreuungsvereinbarung geschlossen werden.
- Durch den Promotionsausschuss muss das Vorhaben zur Promotion genehmigt *zugelassen* werden.

Dieses Buch geht auf alle genannten Punkte ein. Es besteht aus vier Teilen: Der *erste Teil* gilt der Promotionsberatung. Hier werden alle Fragen zum Thema Zulassung zur Promotion beantwortet und Hilfen zur Gestaltung der

Anfangsphase gegeben. Der *zweite Teil* dient als Exposé-Ratgeber, gibt Hilfestellungen und ist Anleitung zum Verfassen eines Exposés. Der *dritte Teil* beinhaltet Themen, die für den weiteren Verlauf der Promotion wichtig sind, z.B. Literaturverwaltung, Software, Zeitmanagement. Im *vierten* Teil finden Sie im Anhang das Glossar sowie Literaturverzeichnis und eine Liste der Internetquellen.

Eine konkrete Hilfestellung sind die zahlreichen, praktischen Informationen zur Promotion, die mit Tipps zur strategischen Vorbereitung eines schriftlichen Exposés inklusive der genauen Beschreibung von Zeit- und Arbeitsplänen kombiniert werden. Neben den für das Promovieren relevanten Informationen beinhaltet das Buch auch zahlreiche Übungsblätter und praktische Tipps. Darum ist das vorliegende Buch sowohl ein Ratgeber als auch ein Arbeitsbuch, mit dem die Idee der eigenen Promotion Schritt für Schritt realisiert werden – oder auch ad acta gelegt werden kann.

Generell ist dieses Buch so angelegt, dass es für unterschiedliche Fachdisziplinen nutzbar ist. Dennoch sollten Sie natürlich recherchieren, wie man üblicherweise in Ihrem Fach promoviert und welche konkreten Leistungen von Ihnen verlangt werden. Aufschluss darüber bietet die Promotionsordnung Ihres Fachbereichs bzw. Ihrer Fakultät.

Besonders wichtige Informationen sind grau hinterlegt, genauso wie die Tipps in den einzelnen Kapiteln.

Häufig gestellte Fragen aus der Praxis werden in den einzelnen Kapiteln des Buches unter der Überschrift Frequently Asked Questions (FAQ) beantwortet.

TEIL 1

ALLGEMEINES ZUR PROMOTION

2 Warum es eine gute Idee ist, sich gründlich auf die Promotion vorzubereiten

Es ist auf jeden Fall sinnvoll, sich gründlich auf die Promotion vorzubereiten. Wichtig ist beispielsweise, dass Sie sich einen Überblick über folgende Aspekte verschaffen:

- wie promoviert man üblicherweise in Ihrem Fach?
- welche Besonderheiten gibt es in Ihrer Disziplin?
- welche Promotionsthemen können bearbeitet werden?
- wer kann diese Themen fachlich betreuen?
- wie läuft die Promotionsbetreuung üblicherweise ab?
- wie werden Promotionen finanziert?
- wie lange benötigen Promovierende durchschnittlich für eine Promotion?
- wie viele Seiten umfassen die Dissertationen in Ihrer Fachdisziplin?
- wo finden Sie bereits veröffentlichte Dissertationen aus Ihrer Fachdisziplin zum Einblick?
- wie haben Promovierende und Promovierte typische Herausforderungen gemeistert?

Wenn Sie sich darüber informiert haben, können Sie Ihre Promotion besser planen. Sie sind dann auch besser auf die Herausforderungen vorbereitet, denen sich die meisten Promovierenden während des Promotionsprozesses stellen müssen. Darüber hinaus erhalten Sie durch die Vorbereitung viele Informationen, die Ihnen helfen können, wichtige Entscheidungen zu treffen.

Auch wenn nicht alles im Vorfeld bis ins letzte Detail geklärt und durchdacht werden kann, ist es sinnvoll - und nerven- und zeitsparend - die Rahmenbedingungen zu klären und grundlegende Entscheidungen zu treffen. Mit den gewonnenen Informationen und der darauf aufbauenden strategischen Planung können die Herausforderungen der Förderphase schnell erkannt, bewertet und strategisch bewältigt werden.

2.1 Was genau ist eigentlich eine Promotion?

Als Promotion wird der gesamte Prozess des Promovierens bezeichnet. Dazu gehören das Verfassen der Dissertation, die mündliche Prüfung

(Disputation oder Rigorosum) sowie die Veröffentlichung der Dissertation. Unter Umständen müssen Sie noch promotionsvorbereitende Leistungen erbringen oder ein Promotionsstudium absolvieren. Erst wenn Sie alle Leistungen erbracht haben und die Dissertation veröffentlicht ist, erhalten Sie die Promotionsurkunde, die Sie zum Führen des Doktortitels berechtigt.

Die *Dissertation* ist die schriftliche Arbeit, die den Hauptteil der Promotion ausmacht. In der Regel arbeiten Promovierende mehrere Jahre an ihrer empirisch oder theoretisch ausgerichteten Arbeit, die sie zunächst beim Promotionsausschuss anmelden und später einreichen. Wenn die Dissertation eingereicht ist, wird sie von den Betreuenden (früher oft Doktorvater oder Doktormutter genannt) begutachtet. Die Betreuer*innen vergeben dann Noten für die Dissertation, die sie in einem Gutachten begründen.

Nach der Begutachtung der Dissertation durch die Promotionsbetreuung folgt – in der Regel einige Wochen bis Monate nach Abgabe der Dissertation – die Verteidigung der Dissertation (Disputation) oder ggf. eine mündliche Prüfung (Rigorosum). Was genau von der Disputation oder dem Rigorosum erwartet wird, kann der jeweiligen Promotionsordnung entnommen werden. Auch für diesen mündlichen Teil der Promotion erhalten Sie eine Note, die zusammen mit der Note für Ihre Dissertation die Gesamtnote auf Ihrer Promotionsurkunde bildet.

Bevor Sie allerdings eine Promotionskunde erhalten und somit auch Ihren Doktortitel, müssen Sie die Dissertation *veröffentlichen*. Dafür sollten Sie sich möglichst schon im Vorfeld einen geeigneten Verlag suchen.

Der *Doktortitel* ist der akademische Grad, der Doktorgrad. Doktorgrade sind beispielsweise „Dr. phil.“, „Dr. med.“, „Dr. jur.“ „Dr. rer. nat“, „Dr. rer. oec.“ und viele andere. Welchen Doktorgrad Sie durch die Promotion erlangen, hängt davon ab, welcher Titel in Ihrem Fach verliehen wird. Der zu verleihende Titel ergibt sich aus der Promotionsordnung und wird auf der Promotionsurkunde vermerkt.

> Die meisten Promotionsprozesse sind eine Herausforderung für die eigene Kreativität, die Flexibilität und das Durchhaltevermögen. Unterschätzen Sie die Anstrengungen nicht und bereiten Sie sich vor, indem Sie früh möglichst so viele Informationen wie möglich zusammentragen. Besorgen Sie sich Informationen zu Herausforderungen des Promovierens.

Einen Überblick in englischer Sprache bietet die Webseite www.research-in-germany.de. Dort gibt es eine Rubrik für PHD Students.

2.2 Phasen der Promotion

Zunächst einmal: Jede Promotion verläuft individuell, die typische Promotion gibt es nicht! Der Verlauf einer Promotion, hängt von der Fachdisziplin sowie den persönlichen Rahmenbedingungen wie z. B. den Finanzierungsmöglichkeiten und Lebensumständen ab. Es spielt eine große Rolle, ob Sie beispielsweise im Rahmen eines Stipendiums promovieren oder in der Universität beschäftigt sind oder ob Sie extern promovieren. Ein weiterer, wichtiger Einflussfaktor ist, ob Sie durch Ihr Umfeld Unterstützung erhalten, ob Sie Familien- bzw. Pflegearbeit leisten oder ob Ihre Zeit frei einteilen können.

Eine Promotion hat immer bestimmte Phasen. Nachdem die oben besprochene Vorbereitungsphase abgeschlossen ist und der/die Doktorand*in zur Promotion zugelassen ist, folgt die Phase des Forschens und des Schreibens. Diese Phase, die mit der Einreichung der Dissertation endet (vgl. zu den Formalien der Einreichung das Kapitel „Formalitäten: Formale Voraussetzungen zur Promotion“ ab S. 29) umfasst mindestens zwei, drei oft sogar mehr als drei Jahre. In dieser Zeit ist eine stetige und gute Promotionsbetreuung sehr wichtig. Diese beinhaltet sowohl Einzelgespräche als auch regelmäßige Kolloquien, in denen Sie die Fortschritte Ihrer Arbeit präsentieren und offene Fragen diskutieren.

Im Kolloquium sollten Sie in einem geschützten Raum Feedback durch die Promotionsbetreuung und durch andere Promovierende erhalten. Feedback im Promotionsprozess ist sehr wertvoll, vor allem kann der Austausch mit anderen Promovierenden eine Bereicherung sein. Beispielsweise hilft es, wenn bewusst wird, dass andere Promovierende ähnliche Probleme haben und das viele Probleme in der Promotionsphase nicht durch persönliche Defizite, sondern durch die Struktur der Promotion z.B. Art des Betreuungsfeedbacks, Praktiken der Forschungsdisziplin, entstehen.

Während dieser langen Zeit können neben den promotionsrelevanten Kompetenzen, die durch das Arbeiten an der eigenen Dissertation quasi „on the job“, wie Schreib-, Zeit- und Forschungsmanagement, i.d.R. auch weitere Schlüsselkompetenzen akademischen Arbeitens erworben werden. Auf die Schlüsselkompetenzen und auf Weiterbildungen gehe ich im Kapitel 7 „Karriereplanung und der Erwerb notwendiger Schlüsselkompetenzen“ ab S. 73 noch näher ein.

Reihenfolge in der Promotionsphase

1. *Thema finden:* Sie müssen zuerst wissen, zu welchem Thema Sie promovieren möchten. Hier sollten Sie aktuelle Forschungsliteratur sichten, um einen Überblick über den Forschungsstand zu erhalten. (Wie das genau geht, finden Sie im Kapitel 9 „Themenfindung – Themeneingrenzung – Fragestellung“).
2. Promotionsbetreuung finden und ansprechen: Eine*n Betreuer*in zu wählen und diese oder diesen zu fragen, ob sie oder er die Promotion betreuen möchte, könnte synchron zur Themensuche geschehen. Die Suche nach der Promotionsbetreuung könnte aber auch erst dann stattfinden, wenn Sie genau wissen, wie ihr Promotionsthema zugeschnitten ist. (Näheres dazu finden Sie im Kapitel 4 „Die Promotionsbetreuung“).
3. Exposé *schreiben:* Wenn Sie den Forschungsstand kennen, können Sie beginnen, das Exposé zu schreiben, das notwendig ist, um einen Überblick über die Forschungsphase zu bekommen, aber meistens auch Voraussetzung zur Zulassung durch den Promotionsausschuss. (Alles zum Exposé finden Sie ab S. 75).
4. *Finanzierung sichern:* Sie sollten natürlich sicher sein, dass Sie in der Promotionsphase finanziert werden. Dafür können Sie sich z.B. auf ein Stipendium bewerben oder eine Stelle als wissenschaftlicher/r Mitarbeiter*in annehmen. (Mehr dazu im Kapitel 5 „Die Finanzierung der Promotionsphase, bzw. 5.3 Die Finanzierung durch ein Stipendium“)
5. *Zulassung der Promotion:* Die Zulassung der Promotion liegt in den Händen des Promotionsausschusses. Bei diesem muss die Promotion mit der Einreichung diverser Unterlagen angemeldet werden. (Siehe Kapitel 3 „Formalitäten: formale Voraussetzungen zur Promotion“)
6. *Die Arbeit an der Dissertation:* Die Phase des Arbeitens an der Dissertation, also die Forschungs- und Schreibphase, unterscheidet sich nach Fachdisziplin. Beispielsweise beginnen Geistes-, Kultur- und Sozialwissenschaftler*innen meist früher mit dem Schreiben als Naturwissenschaftler*innen, die sich länger in einer Labor- oder Versuchsphase befinden. In dieser Phase wird zum Beispiel der Forschungsstand gesichtet und es werden Hypothesen gebildet, geeignete Theorien und Forschungsmethoden ausgewählt und Forschungsinstrumente entwickelt. Es werden Daten erhoben, ausgewertet und interpretiert. Neben dieser Arbeit am Datenmaterial oder beim Schreiben sollten regelmäßige Feedbackgespräche mit der Promotionsbetreuung erfolgen, genauso wie Besuche des Kolloquiums.
7. *Einreichung der Dissertation:* Die Dissertation wird dann beim Promotionsausschuss eingereicht. Hier sind die Vorgaben der Promo-

tionsordnung zu beachten. Das betrifft die Anzahl der eingereichten Exemplare sowie die beigelegten Formulare.

8. *Disputation/Rigorosum:* Nach der Begutachtung folgt die Verteidigung der Arbeit bzw. die Promotionsprüfung.
9. *Publikation der Dissertation:* Die Arbeit muss dann online oder als Buch veröffentlicht werden.
10. *Karriereplanung:* Die Planung der Zeit nach der Promotion sollte schon während der Promotionszeit erfolgen. Dazu kann es sinnvoll sein, sich im Hinblick auf die gewünschte Berufsperspektive weiterzubilden.

Die hier nur kurz angeschnittenen einzelnen Schritte des Promovierens werden im vorliegenden Buch ausführlich erklärt. Was ich aber hier schon erwähnen möchte, ist, dass dieser Verlauf nicht chronologisch erfolgt, so wie es die Liste nahelegt. Vielmehr bedeuten einige der einzelnen Punkte eine immer wiederkehrende Arbeit: So wird das Thema vielleicht immer weiter eingegrenzt, die Recherche wird ausgeweitet oder auf ein Gebiet fokussiert. Und auch das Schreiben an sich findet in vielen einzelnen Schritten und Überarbeitungsschleifen statt, bis aus einer ersten Rohfassung ein abgabefertiger Text entsteht.

Bevor ich im Folgenden allerdings auf die vielen Schritte der Promotionsphase eingehe, möchte ich zunächst zu den Gründen kommen, die für oder gegen die Umsetzung eines Promotionsvorhabens sprechen.

2.3 Was sind gute Gründe (nicht) zu promovieren?

Nach dem Studium noch mal einige Jahre in eine Promotion zu investieren, ist vielen Menschen eine gründliche Überlegung wert. Das ist auch gut so, denn eine Promotion bindet viele zeitliche Ressourcen, die dann für andere Dinge nicht mehr zur Verfügung stehen. Stetige Begleiter*innen sind in der Promotionsphase zudem der nagende Zweifel an den eigenen wissenschaftlichen Kompetenzen, der zeitlichen Umsetzbarkeit des Promotionsprojekts sowie zahlreiche To-do-Listen, die abgearbeitet werden wollen.

Eine Promotion bedeutet in vielen Fällen auch ein schlechtes Gewissen bei Freizeitaktivitäten oder Urlauben und Pausen, die man nicht mit der Promotion verbringt. Man denkt oft, dass man lieber an der Dissertation sitzen sollte, als beispielsweise Eis zu essen, in den Urlaub zu fahren, Sport zu treiben, oder was sonst noch Spaß macht.

Die Entscheidung für oder gegen eine Promotion kann nicht ohne die Einbeziehung des Umfelds getroffen werden. So ist es für den Erfolg der Promotion förderlich, wenn das Umfeld, also Partner*in und Familie hinter dieser

Entscheidung steht. Dabei sollten auch Bedingungen wie die Notwendigkeit von Erwerbsarbeit (falls eine andere Finanzierung nicht klappt) und ggf. die Phase der Familiengründung berücksichtigt werden.

Ob sich für Sie eine Promotion umsetzen lässt, erkennen Sie daran, dass Sie Ihre eigenen Motive und die Ziele kennen und Sie es schaffen, diese auch während der Promotionsjahre nicht aus den Augen zu verlieren.

Einige Zahlen vorweg

In Deutschland beenden pro Jahr fast 30 000 Promovierende ihre Promotion (Statistisches Bundesamt).

Schätzungsweise promovierten in Deutschland im Jahr 2016 196 200 Personen. Sie sind, wenn sie die Promotion abschließen, zwischen 31 und 36 Jahre alt. Dabei sind Promovierte der Humanmedizin durchschnittlich etwas jünger (31 Jahre) und Promovierte der Fächergruppen Kunst, Kunstwissenschaften, Sprach- und Kulturwissenschaften und Sport eher älter (Buwin 2017 und Buwin 2013).

Über aktuelle Promotionsdauern ist wenig bekannt: Eine Studie von Enders und Bornmann aus dem Jahr 2001 stellt heraus, dass die Promotionsdauer in Deutschland im Schnitt 5,7 Jahre dauert. Dabei werden als reine Bearbeitungsdauer durchschnittlich 4,2 Jahre gezählt, der Rest der Zeit wird für die Begutachtung, die Verteidigung der Arbeit oder die mündliche Prüfung und die Publikation verwendet. Die Promotionsdauern unterscheiden sich nach den unterschiedlichen Fachdisziplinen. Zum Beispiel promovieren Sozialwissenschaftler*innen länger als Ingenieur*innen oder Mathematiker*innen (Enders/Bornmann 2001). Generell hängt also die Dauer einer Promotion auch von der Fachdisziplin ab.

Die Fakultäten schreiben in ihren Promotionsordnungen keine Höchstdauer für einen Promotionsprozess vor. Für Stipendiat*innen gelten Höchstförderzeiten je nach Stipendium von bis zu drei Jahren. Das bedeutet, dass die Finanzierung nach drei Jahren endet, unabhängig davon, ob die Promotion abgeschlossen wurde oder nicht. Viele Stipendiat*innen beenden ihre Promotion aber auch erst nach der Höchstförderdauer.

Zusätzlich spielen Faktoren wie die Qualität und Quantität der Promotionsbetreuung eine Rolle, ebenso wie inhaltliche Herausforderungen, die durch das Promotionsthema oder im Forschungsprozess entstehen, sowie die Unterstützung durch das Umfeld (Partner*in, Familie, Freund*innen, Kolleg*innen) und die finanzielle Absicherung. Die Promotionsdauer erhöht sich zum Teil erheblich, wenn viele andere Tätigkeiten, wie Familien-, Pflege- oder Berufsarbeit, neben der Promotion zu leisten sind. Auch Familiengründungen, Trennungen, Todesfälle nahe stehender Personen, Krankheiten, und berufliche Bedingungen wirken sich auf die Promotionsdauer aus.

Motivation zur Promotion

Die Promotion ist die Einstiegsqualifikation für eine wissenschaftliche Karriere und eine der Voraussetzungen dafür, auf eine Universitäts- oder FH-Professur berufen werden zu können. Ansonsten ist eine Promotion möglicherweise beim Aufstieg auf der Karriereleiter, in Führungspositionen oder bei der Übernahme politischer Ämter nützlich, allerdings ist sie dafür keine formale Bedingung.

Werden Promovierende befragt, warum sie promovieren, fallen die Antworten unterschiedlich aus: Manche Promovierende haben ein Thema gefunden, mit dem sie sich weiter wissenschaftlich beschäftigen möchten, wollen also aus rein inhaltlichem Interesse promovieren. Für andere ist die Promotion schlichtweg branchenüblich. Dies gilt z.B. für Chemiker*innen oder Ärzt*innen, von denen sich viele für eine Promotion entscheiden. Andere Promovierende wurden bereits während des Studiums durch eine Professorin oder einen Professor angesprochen und gefragt, ob sie sich vorstellen könnten, zu promovieren. Wieder andere wussten nach dem Studium noch nicht genau, was sie mit dem Studienabschluss machen wollten, hatten keinen Job gefunden oder wollten ihre Berufsaussichten verbessern. Für andere wiederum war bereits im Studium klar, dass sie in der Wissenschaft arbeiten wollen und eine Karriere anstreben, die auf jeden Fall eine Berufstätigkeit in der Forschung oder Lehre beinhaltet. Manche Menschen überlegten sich aber auch erst einige Jahre nach dem Berufseintritt zu promovieren, etwa weil sie im Berufsalltag interessante Erkenntnisse gesammelt haben, die sie wissenschaftlich aufarbeiten möchten.

> Es gibt sicher Entscheidungen, die einfacher zu treffen sind als die Entscheidung für oder gegen eine Promotion. Vor Beginn Ihrer Promotion sollten Sie die Motive Ihrer Promotionsabsicht gründlich prüfen. Ob Sie dazu gedrängt werden, ob Sie in oder außerhalb der Wissenschaft Karriere machen wollen, oder ob Sie selbst ein großes Interesse an Ihrem Thema haben – wichtig ist es, herauszufinden, ob Ihre Motivation so groß ist, Sie durch die gesamte Promotionsphase zu tragen. Sprechen Sie dazu auch mit anderen Promovierenden und lassen sich deren Erfahrungen berichten.

FAQs zur Entscheidung für oder gegen eine Promotion

Welche Vorteile bringt eine Promotion, wenn ich nicht in der Wissenschaft bleiben will?

Formal zunächst erst mal keine, denn eine Promotion ist erst mal eine formale Zugangsvoraussetzung für eine Karriere in der Hochschule, z.B. einer Professur. Trotzdem kann eine Promotion auch Vorteile außerhalb der Wissenschaft haben, z.B. wenn es Leitungspositionen zu besetzen gibt. Dazu kommt, dass Sie mit einer Promotion Expertise in einem bestimmten Forschungsfeld beweisen. Wenn das die Expertise ist, die außerhalb der Wissenschaft gebraucht wird, können Sie als Expert*in Vorteile haben.

Ergeben sich für mich durch die Promotion Nachteile außerhalb der Wissenschaft?

In der Regel bedeutet eine Promotion eher eine Chance als ein Risiko. Promovierte haben mit ihrer Promotion bewiesen, dass sie Expert*innen auf vielen Gebieten sind: Sie sind fit im Projekt-, Zeit- und Konfliktmanagement, sind frustrationstolerant, belastbar und Kommunikationsprofis. Leider werden aber diese Kompetenzen bei der Entlohnung von Promovierten nicht unbedingt honoriert. Darum ist der Nutzen einer Promotion für Sie davon abhängig, wo Sie später arbeiten möchten und ob es sich für Sie lohnt, drei bis fünf Jahre oder länger in ein Promotionsprojekt zu investieren oder ob Sie den angestrebten Posten auch ohne Promotion erreichen können.

Muss ich zu Beginn der Promotion schon wissen, was ich will?

Besser wäre es! Sollten sie aber noch nicht genau wissen, welches langfristige Ziel Sie mit der Promotion verfolgen können oder möchten, wären Sie nicht allein, denn viele Promovierende und auch manche Promovierte wissen das noch nicht. Das betrifft vor allem diejenigen, deren Einstiegsmotivation das Interesse am Thema oder das Angebot eines Professors oder einer Professorin war, aber auch diejenigen, die eine Leidenschaft für ein bestimmtes Thema entwickelt haben. Das Karriereziel spielte bei der Entscheidung dann keine oder nur eine untergeordnete Rolle und stellt sich manchmal sogar erst im Nachhinein raus.

Denen, die vorhaben, an Universitäten und Hochschulen Karriere zu machen sei gesagt, dass man diese Karriere eher nicht planen kann. Sie ist abhängig vom universitären Arbeitsmarkt und nicht nur mit weiteren Qualifikationsschritten (Habilitation oder Juniorprofessur) verbunden, sondern unterliegt zudem vor allem politischen Entscheidungen in Form finanzieller Ausstattung der Hochschulen. Eine wissenschaftliche Karriere ist daher nur zum Teil ein Ergebnis der erworbenen, wissenschaftlichen Qualifikationen. Eine Professur zu erhalten, ist schon sehr schwierig, zumal der Anteil der Professuren sinkt und eine Emeritierungswelle, also das Ausscheiden aus Professuren, nicht zu erwarten ist (BuWiN 2013: 14).

Soll ich erst promovieren und dann in Beruf einsteigen oder erst in den Beruf einsteigen und später promovieren?

Diese Frage kann man nicht allgemein oder strategisch beantworten, denn hier gibt es kein „Richtig“ oder „Falsch“. Für die Berufstätigkeit spricht, dass mit dieser Option schnell Sicherheit und Zukunftsplanung möglich werden, zumal die Phase sich in vielen Fällen mit der Familiengründungsphase deckt. Für eine Promotion direkt nach dem Studium spricht die Erfahrung, dass viele Absolvent*innen nach dem Berufseinstieg Zeit und Interesse an der Promotion verlieren.

Machen Sie Ihre Entscheidung von den Angeboten und Alternativen abhängig, die sich Ihnen zur Zeit des Studienabschlusses bieten. Haben Sie zum Beispiel eine Stelle in Aussicht? Wie könnten Sie eine Promotion finanzieren? Und verfügen Sie über die richtige Motivation? Zahlreiche Promovierte haben sich erfolgreich dazu entschieden, vor dem Berufseinstieg zu promovieren. Das gleiche gilt jedoch auch für die Wahl, eine Promotion erst den Berufseinstieg zu planen oder als Lehrer*in das Referendariat abzuleisten und danach eine Promotion zu beginnen. Manchmal, allerdings eher selten, ist es auch möglich, sich für eine Promotion beruflich freistellen zu lassen, beispielsweise dann, wenn eine Promotion auch im Interesse des Unternehmens ist.

Wann sollte ich nicht promovieren?

Eine Promotion bedeutet für viele Menschen nicht nur einfach eine wissenschaftliche Arbeit, sondern sie ist ein persönliches Projekt, an dem sie fast verzweifeln, dann aber wachsen und gestärkt hervorgehen. Für die persönliche Entwicklung ist das Promovieren also eine Herausforderung, die sich letztlich positiv auswirkt und zu einem gestärkten Selbstbewusstsein wie auch zu einem deutlichen Kompetenzzuwachs führt. Und auch für die Platzierung auf dem Arbeitsmarkt ist eine Promotion von Vorteil, denn die Arbeitslosenquote von Promovierten ist relativ gering (vgl. BuWiN 2008 und 2013).

Wenn Sie sich jedoch nicht zumuten wollen, einige Jahre an einem einzigen Forschungsprojekt zu sitzen, wenn Sie nicht gerne schreiben, über wenig Zeit verfügen oder wenn Sie von sich wissen, dass Sie dazu neigen schnell aufzugeben, dann sollten Sie sich gut überlegen, ob es vielleicht Sinn machen würde, von einem Promotionsvorhaben abzusehen und stattdessen etwas anderes z.B. eine berufliche Fortbildung zu probieren. Wenn Sie jetzt schon wissen, dass es ein (sehr oder sogar zu) schwerer Weg wird oder die Promotion Ihnen inhaltlich oder karrieretechnisch nicht oder nur wenig nützt, sollten Sie Ihre Promotionsabsicht überprüfen und sich ggf. von dieser Idee verabschieden.

Manchmal wird eine Promotion von außen herangetragen oder angeboten, etwa durch Professor*innen, Vorgesetzte oder Familienmitglieder. Prüfen Sie ganz genau, ob die Promotion auch Ihr eigener Wunsch ist und ob Sie für sich Perspektiven mit einem Doktortitel sehen. Sollte das nicht der Fall sein – lassen Sie es bleiben!

In der Praxis kommt es vor, dass promotionswillige Menschen sagen: „Ich wollte immer schon mal ein Buch schreiben“. Aber auch das ist kein guter und ausreichender Grund für eine Promotion, denn eine Promotion ist eine

Forschungsarbeit mit wissenschaftlicher Relevanz. Und das Promovieren umfasst deutlich mehr Aspekte als das Schreiben und Veröffentlichen eines Buches.

Kann ich eine Promotion einfach abbrechen?

Theoretisch können Sie Ihre Promotion jederzeit abbrechen, sofern Sie es sich finanziell leisten können. Fast alle Promovierenden überlegen während ihrer Promotionszeit mindestens einmal, ihre Promotion abzubrechen. Viele von ihnen überwinden die Krisen des Promovierens und machen weiter. Für andere ist es jedoch aufgrund unterschiedlicher Umstände unumgänglich und sinnvoll, die Promotion abzubrechen. Ein solcher Promotionsabbruch wird meist von vielen Selbstzweifeln begleitet und hinterlässt bei manchen Menschen den belastenden Beigeschmack des Scheiterns und Versagens. Niemand mach sich also diese Entscheidung leicht. Dennoch: „Lieber ein Ende mit Schrecken als ein Schrecken ohne Ende“ ist hier definitiv die richtige Empfehlung!

Es ist aber eine gute Idee, die Flinte nicht gleich ins Korn zu werfen, sondern sich erst einmal Hilfe zu holen, die dabei unterstützt das Promotionsverfahren doch noch zu beenden. Es ist z.B. empfehlenswert, vor dem Promotionsabbruch einen Coach aufzusuchen und mit Menschen zu sprechen, die ihre Promotion schon mehr oder weniger erfolgreich beendet haben. Man sollte in diesem Fall analysieren, was der Knackpunkt ist. Wenn es an ausreichendem Zeitmanagement mangelt, eine Schreibblockade vorliegt oder das Stipendium ausläuft, können mit etwas Unterstützung neue Strategien gefunden werden. Auch ein Gespräch mit der Promotionsbetreuung kann einiges bewirken, wenn die fehlende Beratung ein Problem darstellt.

Welche Unterstützung brauche ich durch mein Umfeld?

Oft verstehen Außenstehende nicht, wie man (freiwillig) so lange an einem Thema arbeiten kann und welche für Krisen und Probleme eine Promotion mit sich bringt. Auch können andere die unterschiedlichen Phasen einer Promotion nicht nachvollziehen, gerade wenn es um die intensiven Schreibphasen geht, die einen nicht geselliger werden lassen. Das führt zu Fragen und Unverständnis bzw. massiver Kritik.

Wichtig ist, dass Familie, Freunde und der Partner bzw. die Partnerin hinter Ihnen stehen und Sie z.B. bei der Haushaltsführung oder der Kinderbetreuung unterstützen. Auch wenn Sie von Nicht-Promovierenden nicht erwarten können, dass diese die Promotionsabläufe nachvollziehen können, benötigen Sie Toleranz und Hilfsbereitschaft. Haben Sie einen Partner bzw. eine Partnerin, die nicht an Sie glaubt, werden Sie ihr Ziel vermutlich gar nicht, sehr langsam und spät und nur unter erschwerten Bedingungen, erreichen. Genauso bedeutet eine intensive belastende Tätigkeit über mehrere Jahre, dass sich der Freundeskreis ändern wird. Verabschieden Sie sich von Freund*innen, die mit Ihnen das Partyleben des Studiums fortsetzen wollen und suchen Sie sich

Menschen, die Sie unterstützen und ermutigen, sowie Menschen, die damit leben können und es einzuschätzen wissen, wenn Sie sich manchmal wochenlang nicht melden.

Vergessen sie allerdings auch nicht, dass ihr Leben auch während Ihrer Promotion stattfindet. Genießen sie Ihre Freizeit und achten sie drauf, einen Ausgleich zur Promotion zu haben.

Muss ich mein Leben für die Promotion einschränken?

Ob und welche (zeitlichen) Abstriche Sie machen müssen, hängt stark von der Finanzierung Ihrer Promotion ab. Finanzieren Sie Ihre Promotion durch ein Stipendium, werden Sie eher weniger Geld zur Verfügung und einen entsprechenden Lebensstandard haben. Allerdings haben Sie in diesem Fall ausreichend Zeit, um an Ihrer Dissertation zu arbeiten und sich weiterzubilden. Gehen Sie während Ihrer Promotion einer Erwerbsarbeit nach und das ggf. sogar Vollzeit, haben Sie zwar Geld, aber kaum Zeit für Ihre Promotion. In diesem Fall müssen Sie entscheiden, auf welche Hobbys und auf welchen Teil des Freundes- und Familienkreises Sie für die Promotion in dieser Lebensphase (weitestgehend) verzichten. Ohne Einschränkungen wird die Promotion wahrscheinlich nicht zu machen sein.

Nehmen Sie sich Zeit für die Entscheidung. Aufgeschoben bedeutet nicht unbedingt aufgehoben, d.h., Sie können auch zu einem späteren Zeitpunkt eine Promotion beginnen.

Bereiten Sie Ihre Promotion gut vor! Vor allem die Finanzierung der Promotionsphase sollte gesichert sein.

Suchen Sie sich Verbündete. Austausch und Netzwerke sind für die Promotion wichtig. In vielen Graduiertenprogrammen im Kolloquium oder bei Konferenzen gibt es die Möglichkeit, Gleichgesinnte zu finden. Aktivieren Sie unbedingt auch private Netzwerke zur Unterstützung.

3 Formalitäten: formale Voraussetzungen zur Promotion

Um zur Promotion zugelassen zu werden, müssen die durch die Fakultät vorgegebenen Formalitäten eingehalten werden. Diese Formalitäten betreffen die Zugangsbedingungen zur Promotion, den Ablauf des Prozesses der Zulassung durch den Promotionsausschuss, die Begutachtung und Bewertung der Dissertation nach ihrer Einreichung, die Disputation bzw. das Rigorosum, die Vereinbarungen der Arbeitsbeziehungen zwischen Promovierenden und Promotionsbetreuung und der Fakultät (also die Promotionsvereinbarung) sowie die Einhaltung von Fristen im gesamten Zulassungs- und Promotionsprozess.

3.1 Das Promotionsrecht

Das Recht, einen Doktorgrad verleihen zu dürfen, haben in Deutschland i.d.R. alle Universitäten und den Universitäten gleichgestellte Hochschulen, z.B. Kunsthochschulen oder pädagogische Hochschulen.

Die meisten Fachhochschulen haben (noch) kein Promotionsrecht. Als Grund hierfür gilt deren Anwendungsbezug, also die traditionelle Ausrichtung von Fachhochschulen, für die Berufspraxis auszubilden und zu qualifizieren. Hier ist die Diskussion um die Verleihung des Promotionsrechtes noch nicht abgeschlossen – eine Recherche welche Fachhochschulen das Promotionsrecht haben, könnte sich für Sie lohnen.

Absolvent*innen von Fachhochschulen können aber auch an Universitäten promovieren. Möglicherweise muss das besonders geplant werden (siehe S. 35 „Promotion mit Fachhochschulabschluss“).

3.2 Die Promotionsordnung

In der Promotionsordnung wird geregelt, wer mit welchem Studienabschluss an einer Fakultät unter welchen konkreten Bedingungen promovieren darf. Der Promotionsausschuss entscheidet über die Zulassung zur Promotion. Festgelegt wird hier, wie die Zulassung zur Promotion abläuft und welche Formalitäten und Fristen dabei einzuhalten sind, z.B. die Art und den Umfang der

Unterlagen. Geregelt ist auch, welcher der zahlreichen in Deutschland gültigen Doktorgrade verliehen wird.

Für die Promotion ist immer jene Promotionsordnung bindend, die an der Fakultät des Erstbetreuers bzw. der Erstbetreuerin gültig ist.

Informationen zur Promotion finden sich meistens auf den Webseiten der Fakultäten/Dekanate, manchmal auch unter den Angaben des Promotionsausschusses oder in der Kategorie „Forschung" auf den Universitätswebseiten.

In der Promotionsordnung ist auch nachzulesen, was die Promotion in der jeweiligen Fakultät bedeutet. Dort ist festgehalten, welche Ziele mit der Promotion erreicht werden sollen. Eines der wichtigen Ziele ist, dass Promovierende mit der Dissertation eine eigenständige wissenschaftliche Leistung generieren. Der Beleg, eine eigenständige wissenschaftliche Leistung erbracht zu haben, muss je nach Promotionsordnung formuliert, und i.d.R. handschriftlich unterschrieben bei der Einreichung der Dissertation beigelegt werden.

Die Promotionsordnung bezieht sich auf alle Teile des Promotionsprozesses, also auf die Formalitäten der Zulassung, die Dissertation und ihre Begutachtung, auf die mündliche Verteidigung oder Prüfung und auf die Veröffentlichung der fertigen Arbeit. Die Promotionsordnung schreibt vor, welche Bedingungen und Abläufe bei den einzelnen Schritten einzuhalten sind.

Ebenso regelt eine Promotionsordnung, welche Personen die Promotion betreuen dürfen. Es ist festgehalten, ob Zweitbetreuende aus der gleichen Fakultät oder Universität sein dürfen bzw. müssen oder auch extern hinzugezogen dürfen bzw. müssen und ob Sie von einer anderen Universität in Deutschland oder aus dem Ausland hinzugezogen dürfen bzw. müssen.

Auch wie die Kommission in der Disputation bzw. im Rigorosum besetzt sein soll, wie viele Mitglieder sie hat, ist in der Promotionsordnung nachzulesen. Es wird angeführt, wer neben den beiden Gutachter*innen der Dissertation anwesend sein muss. Dabei ist genau aufgeschlüsselt, wie viele Personen der Kommission beisitzen, ob dies Professor*innen aus der Fakultät bzw. aus anderen Fakultäten sein sollen, oder ob dies auch Personen aus dem Mittelbau, also andere, bereits promovierte wissenschaftliche Mitarbeiter*innen sein dürfen.

Die Promotionsordnung regelt Zulassung und Ablauf der Promotion. Dort finden sich Informationen zu den Voraussetzungen und zu den Zulassungsmodalitäten sowie zur Einreichung und den Veröffentlichungsmodalitäten. Die Promotionsordnung sollte unbedingt VOR Beginn der Promotion gelesen werden!

Die Promotionsordnung regelt auch, welche akademischen Grade verliehen werden. Die Verleihung des jeweiligen akademischen Grads/ Doktorgrads hängt vom Promotionsthema ab. Die Auswahl des genauen Titels sollte mit der Promotionsbetreuung abgestimmt werden.

Der Promotionsausschuss

Der Promotionsausschuss besteht, ähnlich wie ein Prüfungsausschuss, aus Mitgliedern der jeweiligen Fakultät, also aus Professor*innen der zur Fakultät gehörenden Institute und einer/einem oder mehreren Vertreter*innen der Promovierenden.

Zu den Aufgaben des Promotionsausschusses gehört es, zu prüfen, ob alle Zulassungskriterien zur Promotion erfüllt werden. Er stellt die Berechtigung von potenziellen Promovierenden zur Promotion fest und prüft die Einhaltung der Formalitäten und Vorgaben, die sich für Promovierende und Betreuende aus der Promotionsordnung ergeben.

Der Promotionsausschuss einer Fakultät tagt regelmäßig, d.h. je nach Größe der Fakultät bzw. der Anzahl der Promovierenden mehr oder weniger oft im Semester, dabei aber eher selten außerhalb der Vorlesungszeiten. Da der Promotionsausschuss die Promotionswilligen zur Promotion zulässt und dies möglichst früh im Promotionsprozess erfolgen sollte, ist es sehr wichtig, dass die zukünftig Promovierenden die Termine kennen, an denen der Ausschuss tagt und zu denen die Unterlagen zur Zulassung der Promotion (und später auch die fertige Dissertation) eingereicht sein müssen.

Die genauen Termine, eventuelle Fristen und sonstige Regelungen und wichtigen Informationen finden sich meistens auf den Webseiten der Dekanate. Zudem können diese in der Promotionsordnung eingesehen, oder bei den Promotionsausschussmitgliedern und den Dekanaten erfragt werden.

Ansprechbar für die Zulassung zur Promotion ist der Promotionsausschuss, der durch eine/einen Vorsitzende*n oder in manchen Fällen auch durch eine Geschäftsführung vertreten wird.

Angesiedelt ist der Promotionsausschuss i.d.R. im Dekanat der jeweiligen Fakultät.

Die Promotionsvereinbarung

In vielen Universitäten bzw. Fakultäten gibt es Promotionsvereinbarungen. In der Promotionsvereinbarung erklären Promovierende und Betreuende die Absicht eines erfolgreichen Promotions- und Betreuungsverhältnisses. Oft ist dort auch vereinbart, um welche Art der Dissertation es sich handelt, ob es sich beispielsweise um eine experimentelle, empirische oder theoretische Arbeit handelt. Und auch Teilschritte der eigenständigen Forschungsarbeit der oder des Promovierenden und die Sprache, in der die Arbeit verfasst wird, werden hier schriftlich festgehalten. Oft wird auch eine geplante Zeitspanne vereinbart, in der die Arbeit fertiggestellt werden soll. Günstig ist es, wenn darüber hinaus auch genau geregelt ist, wie oft Betreuungsgespräche stattfinden, wie oft und welche Form von Feedback gegeben wird, ob bzw. welche Kolloquien angeboten werden und in welchem Umfang diese genutzt werden sollen/dürfen und ob bzw. inwiefern Räume und Material zur Verfügung gestellt werden.

> Die Promotionsvereinbarung muss, sofern sie in der Promotionsordnung verpflichtend vorgeschrieben ist, mit dem Antrag auf Zulassung zur Promotion eingereicht werden. Dazu sollte sie vorher von den Betreuenden, der oder dem Promovierenden und ggf. von der oder dem Fakultätsleitenden unterschrieben werden.

Eine Besonderheit der Promotionsvereinbarungen vieler Universitäten ist, dass auch der/die Dekan*in mit ihrer Unterschrift die Fakultät vertritt. So übernimmt auch die Fakultät eine Verantwortung für den erfolgreichen Abschluss der Promotionen und verpflichtet sich, im Notfall, z.B. wenn die Promotionsbetreuenden die Betreuung und Begutachtung nicht zu Ende führen, z.B. bei Konflikten, Krankheit/Tod/Uni-Wechsel, die Promovierende bzw. den Promovierenden beim Abschluss der Promotion zu unterstützen. Diese Unterstützung bedeutet z.B. konkret, dass der Promotionsausschuss eine andere Promotionsbetreuung der Fakultät anbietet.

Eine Promotionsvereinbarung entspricht eher einer Absichtserklärung als einem Vertrag. Rechtlich gilt sie als „Obliegenheit", an die sich alle Beteiligten halten sollten. Eine Möglichkeit die in der Promotionsvereinbarung vereinbarten Absprachen einzuklagen besteht nicht.

Die Zulassung und die Einschreibung zur Promotion

Sie *können* sich während Ihrer Promotion im Studierendensekretariat einschreiben und *müssen* zur Promotion durch den Promotionsausschuss zugelassen werden.

Die Zulassung zur Promotion und die Einschreibung zur Promotion sind zwei unterschiedliche Vorgänge. Die Beantragung der Zulassung zur Promotion und die Einschreibung geschehen getrennt voneinander.

Wie schon erläutert, ist die formale Voraussetzung für die Promotion die Zulassung durch den Promotionsausschuss, für die die Regeln der Promotionsordnung gelten.

In manchen Promotionsordnungen ist jedoch ein bisher noch nicht weiter erörtertes, weiteres Zulassungskriterium festgehalten: das Promotionsstudium. In diesem Fall muss der oder die Promovierende ein Promotionsstudium absolvieren, oder aber promotionsvorbereitende Leistungen erbringen, das ist häufig bei fachfremder Promotion (S. 34) oder bei einer Promotion mit Fachhochschulabschluss (S. 35) der Fall. Für diese Art des Promotionsstudiums muss man sich i.d.R. auch einschreiben. Dieses Promotionsstudium ist ein Aufbaustudium, das den Promovierenden diejenigen Qualifikationen vermitteln soll, die für das Promovieren notwendig sind und die im regulären Studium nicht vermittelt werden.

Eine Zulassung zur Promotion durch den Promotionsausschuss – in manchen Fakultäten wird die Zulassung auch als die „Aufnahme auf die Promovieredenliste" bezeichnet – benötigen Sie zwingend.

Die Einschreibung als Promotionsstudierende*r ist nur nötig, wenn das die Promotionsordnung vorsieht. Sonst ist es optional.

Die Promotionsdauer und das Wissenschaftszeitvertragsgesetz

Bisher gibt es in Deutschland keine formal einzuhaltende Promotionshöchstdauer. Gäbe es eine Höchstdauer für die Promotion, wäre diese in der Promotionsordnung ausgewiesen.

Ein Blick auf die geplante Promotionsdauer erweist sich jedoch dennoch in vielerlei Hinsicht als sinnvoll, etwa bei der Lebens- und Karriereplanung. Besonders wichtig wird die Promotionsdauer, wenn Sie eine Juniorprofessur anstreben. Das müssen sie dann besonders gut planen, weil das Wissenschaftszeitvertragsgesetzes (WissZeitVG) die Dauer der befristeten Beschäftigung des wissenschaftlichen und künstlerischen Personals an Hochschulen und außeruniversitären Forschungseinrichtungen begrenzt. So kann wissenschaftliches und künstlerisches Personal ohne abgeschlossene Promotion bis zu sechs Jahre lang beschäftigt werden. Nach Abschluss der Promotion können dann befristete Arbeitsverträge von wiederum bis zu sechs Jahren erfüllt werden. Diese beiden sechsjährigen Zeitspannen gelten in dieser Form jedoch nicht für Eltern. Wenn Kinder unter 18 Jahren betreut werden, verlängert sich die Befristungsdauer pro Kind um 2 Jahre.

Wer in weniger als sechs Jahren seine Promotion abschließt, der kann die eingesparte Zeit in der Postdoc-Phase einfließen lassen. Wenn Sie also nur 4 Jahre für die Promotion benötigen, haben Sie anschließend noch 8 Jahre Zeit. Und: Unter bestimmten Bedingungen können Sie auch nach den 6 plus 6 Jahren befristet an einer Hochschule beschäftigt sein. Es gelten dann besondere Regelungen des WissZeitVG für Drittmittelbefristungen. Das bedeutet, dass Sie beispielsweise im Rahmen von drittmittelgeförderten (Forschungs-) Projekten theoretisch bis zu Ihrer Rente an der Hochschule arbeiten könnten. Dies könnte jedoch bedeuten, dass Sie sich von Kurzzeitvertrag zu Kurzzeitvertrag zu hangeln. Allerdings verhindert die ständige Unsicherheit eine Zukunftsplanung und stellt aufgrund des immensen Drucks, sich ständig wieder um Gelder bemühen zu müssen, eine Zumutung dar.

Wenn Sie eine Juniorprofessur für sich planen, bzw. für sich nicht ausschließen, sollten Sie Ihre Befristungsmöglichkeiten in und nach der Promotionsphase nicht ausreizen. Denn eine Juniorprofessur ist auf sechs Jahre befristet und kann in den meisten Fällen nur angetreten werden, wenn Sie über die Möglichkeit verfügen, noch sechs Jahre befristet beschäftigt sein zu können. Informieren Sie sich hierzu unbedingt vorab!

3.3 Besondere Herausforderungen bei der Promotionsplanung

Bei der Planung einer Promotion kann es besondere Herausforderungen geben. Das betrifft die fachfremde Promotion, eine fehlende Mindestnote, die Promotion mit FH-Abschluss, die kumulative Promotion oder eine Fast-Track-Promotion ohne Diplom- oder Masterabschluss.

Fachfremde Promotion

Zu den Voraussetzungen zur Promotion zählt meist ein einschlägiger Studienabschluss. Das bedeutet, dass sich das Studienfach und die Promotion fachlich decken sollten, also dass das Fach der Promotion idealerweise auch das Fach ist, in dem ein Studium absolviert wurde. Eine fachfremde Promotion kommt dann vor, wenn das Promotionsthema besser in eine andere als in das ursprünglich studierte Fachdisziplin passt oder Sie eine Promotionsbetreuung aus einem anderen Fach an Ihnen interessiert ist.

Ob Sie ohne zusätzlichen Aufwand eine fachfremde Promotion beginnen können oder ob Sie vorher ggf. noch weitere Studienleistungen/ Credits erbringen müssen, regelt die Promotionsordnung. Meist muss beim Promotionsausschuss ein Antrag gestellt werden. Zeigen Sie dabei auf, welche Inhalte des Promotionsfachs Sie bereits in Ihrem Fach studiert haben.

Kommen sie aus den Kulturwissenschaften und möchten beispielsweise in der Psychologie promovieren, dann regelt die Promotionsordnung der Fakultät Psychologie, ob das möglich ist bzw. welche Leistungen Sie in der Promotionsphase zusätzlich erbringen müssen, um zur Promotion zugelassen zu werden.

Promotion mit Fachhochschulabschluss

Im Gegensatz zu allen Universitäten besitzen Fachhochschulen i.d.R. (noch) kein Promotionsrecht. Einige Fachhochschulen mit Promotionsrecht gibt es bereits. Daher ist eine Promotion bisher oft nur an einer Universität möglich. Wer, unter welchen Bedingungen und Voraussetzungen in welcher Fakultät an einer Universität promovieren darf, wird durch die Promotionsordnungen geregelt. Diese Regelung gilt auch für den Zugang für FH-Promovierende.

Die aktuelle Rechtsprechung,[2] die in den Hochschulgesetzen der Länder fixiert ist, sieht vor, dass Masterabschlüsse an Fachhochschulen mit den Masterabschlüssen der Universitäten gleichgestellt sind. Daher sind Sie grundsätzlich dazu berechtigt, mit einem FH-Masterabschluss zu promovieren. Möglicherweise müssen Sie jedoch – je nach Promotionsordnung zum Teil differente – promotionsvorbereitende Leistungen erbringen und/oder während der Promotion ein Promotionsstudium ableisten. Es besteht zudem die Möglichkeit, dass Sie aufgefordert werden, an einem Graduiertenprogramm/Graduiertenkolleg teilzunehmen.

> Wenn Sie einen FH-Abschluss besitzen, sollten Sie die für Sie infrage kommenden Promotionsordnungen gründlich lesen und prüfen, ob und welche besonderen Bedingungen für Ihre Promotion gelten.

Da sich die Regelungen für den Zugang zur Promotion mit FH-Abschluss in den einzelnen Promotionsordnungen der Universitäten bzw. der Fakultäten stark voneinander unterscheiden, kann es sinnvoll sein, die einzelnen Promotionsordnungen zu prüfen. Das betrifft die möglichen zu erbringenden Leistungen, um dann eine strategische Entscheidung zu treffen, was die Wahl der Promotionsbetreuung und damit des Promotionsortes angeht. Auf jeden Fall jedoch sollten Sie frühzeitig damit beginnen, die zur Promotion erforderlichen zusätzlichen Leistungen abzuleisten. Denn in den intensiven Schreib- und Überarbeitungsphasen vor der Abgabe Ihrer Dissertation werden Sie dazu erfahrungsgemäß keine Muße haben.

> Sollte die Promotionsordnung vorsehen, dass Sie aufgrund Ihres FH-Abschlusses promotionsvorbereitende Leistungen erbringen müssen, versuchen Sie diejenigen Veranstaltungen auszuwählen, die sich mit den Inhalten Ihrer geplanten Dissertation decken. Möglicherweise können Sie währenddessen die Themen für Ihre Promotion nutzen.

Eine kooperative Promotion meint eine Promotion, die von Promotionsbetreuenden aus Fachhochschule und Universität gemeinsam betreut wird. Dabei

---

2 Die Hochschulgesetze der einzelnen Bundesländer können Sie auf der Webseite des deutschen Hochschulverbandes einsehen http://www.hochschulverband.de/cms1/hochschul gesetzsammlung.html.

wird meist ein Kooperationsvertrag zwischen beiden Einrichtungen geschlossen. Dieser regelt die Beteiligung von Fachhochschulprofessor*innen an Promotionsverfahren in der Universität. Diese Verträge bieten die Möglichkeit, dass Promovierende von Universitäts- und Fachhochschulprofessor*innen betreut werden können. Dies gilt übrigens gleichermaßen für FH- wie Universitäts-Absolvent*innen. Der Promotionsausschuss ist hier Ansprechpartner.

Promotion ohne Mindestnote

Ob bzw. welche Mindestnote für die Zulassung zur Promotion vorausgesetzt wird, wird der Promotionsordnung ersichtlich. Dort steht auch, ob Ausnahmen zulässig sind und wer darüber entscheidet.

Mit einer Note, die schlechter als die Mindestnote ist, ist keine Promotion an dieser Fakultät möglich, wobei der Promotionsausschuss über begründete Ausnahmen entscheiden kann, was allerdings eher schwierig ist.

Eine Ablehnung durch den Promotionsausschuss heißt nicht, dass sie gar nicht promovieren können. Dann sollten Sie schauen, ob eine andere Fakultät mit einer anderen Promotionsordnung infrage kommt. Selbstverständlich muss Ihre Betreuung dann auch aus dieser Fakultät kommen. Seien Sie aber realistisch – es kann auch sein, dass Ihre Note ein Hinweis darauf ist, dass Sie die Promotion nicht realisieren können. In einem Gespräch mit der zukünftigen Promotionsbetreuung lässt sich klären, ob es andere Möglichkeiten der Promotion gibt.

> Finden sie mithilfe der Promotionsordnung heraus, ob zur Promotion eine Mindest-Abschlussnote Ihres Studiums vorgesehen ist. Sollte eine Mindestnote vorgesehen sein, die Sie nicht erfüllen, und sollte eine Promotion an dieser Fakultät auch mit Ausnahme- und Härteregelungen nicht möglich sein, müssen Sie auf eine andere Promotionsordnung, die evtl. auf Mindestnoten verzichtet und somit auf eine andere Fakultät ausweichen, oder sich komplett von einer Promotion verabschieden.

Fast-Track-Promotion

Mit einer Fast-Track-Promotion ist eine Promotion gemeint, die nach dem Bachelorabschluss begonnen wird und das auf die sonst übliche Promotionsvoraussetzung eines Diplom- oder Masterabschlusses verzichtet wird. Ob bzw. wie eine Fast-Track-Promotion möglich ist, ist in der Promotionsordnung nachzulesen.

In der Praxis ist die Fast-Track-Promotion in vielen Fällen mit einem Promotionsstudium kombiniert. Dies kann beispielsweise ein verkürzter Masterstudiengang sein, an den die Promotion anschließt. In diesem Fall wird statt der Masterarbeit ein PromotionsExposé verfasst und daran anschließend die

Promotion begonnen. In der Regel bedeutet das die Teilnahme an einem Promotionskolleg bzw. Graduiertenprogramm.

Angesprochen werden sollen mit der Fast-Track-Promotion häufig besonders gute Studierende, die exzellente Noten nachweisen können. Eine Besonderheit dieser Promotionsform ist, dass die Promovierenden durchschnittlich jünger sind und dass sie dem akademischen Arbeitsmarkt schneller zur Verfügung stehen. Als nachteilig könnte sich jedoch erweisen, dass Fast-Track-Promovierende bei einem Promotionsabbruch keinen Masterabschluss vorweisen können. Ausnahme könnte die Angebundenheit an ein besonderes Graduiertenprogramm sein, zum Beispiel, indem Fast-Track-Promovierende eine Wahlmöglichkeit zwischen Masterabschluss und einer Promotion haben. So würde das Exposé als Masterarbeit gewertet und bei Nichterreichen eines Promotionsabschlusses wäre auf jeden Fall der Masterabschluss gesichert.

Kumulative Promotion

Als kumulierte Promotion wird eine Promotion bezeichnet, bei der die Dissertation nicht als Monografie, sondern in Form mehrerer Aufsätze geleistet wird. Dazu zählen Aufsätze, die in bestimmten wissenschaftlich relevanten Medien publiziert wurden, z.B. in Fachzeitschriften und die durch ein Review bzw. Peer-Review-Verfahren, also eine externe Begutachtung gingen.

Ob eine kumulierte Promotion möglich ist und wie viele Aufsätze es sein müssen und in welchen Medien diese genau veröffentlicht sein müssen, schreibt die Promotionsordnung vor. Genauso schreibt sie i.d.R. vor, dass bei den unterschiedlichen Veröffentlichungen ein zentrales Thema im Mittelpunkt steht. Zusätzlich sind dann auch noch eine Einleitung und ggf. auch noch eine Synopse der einzelnen Aufsätze zu schreiben.

Die kumulierte Promotion ist nicht in allen Fächern gleichermaßen erwünscht bzw. bereits etabliert. Sie ist bisher eher in den Naturwissenschaften üblich, in den Geistes-, Sozial- und Kulturwissenschaften ist sie bisher seltener in den Promotionsordnungen spezifiziert. Sie bietet sich für diejenigen Promovierenden an, die in einem oder mehreren Forschungsprojekten arbeiten und in diesem Rahmen Artikel im Peer-Review-Verfahren veröffentlichen. Es bietet sich dann an, diese Veröffentlichungen zur kumulierten Promotion zu nutzen.

Promovieren mit ausländischem Diplom- oder Masterabschluss

Einer besonderen Organisation bedarf es meistens, wenn sie Ihren Masterabschluss im Ausland erworben haben und dieser die Zugangsberechtigung zur Promotion an einer deutschen Universität darstellt. Der Promotionsausschuss muss diesen Abschluss i.d.R. besonders prüfen, um festzustellen, ob Ihr Abschluss zu einem deutschen Studienabschluss gleichwertig ist und Sie an der jeweiligen Fakultät promovieren können.

Einfach ist es, wenn der Abschluss in Europa erworben wurde. Dann lassen die Credits und Noten und die Sprache, in der das Abschlusszeugnis formuliert ist, eine schnelle Vergleichbarkeit mit deutschen Abschlüssen zu. Ansonsten müssen die Zeugnisse von einem offiziell anerkannten Übersetzungsbüro übersetzt werden und durch eine Prüfung der Voraussetzungen durch eine Stelle der Universität, meist ist es das akademische Auslandsamt, bestätigt werden.

Oft ist es dazu notwendig, weitere Unterlagen einzureichen z.B. übersetzte beglaubigte Kopie des Studienabschlusses (Master, Diplom etc.), Lebenslauf mit der Schilderung des Schul- und Studienverlaufs, Zusammenstellung der Vorlesungen, Übungen und Seminare. In manchen Fällen muss sogar eine Anerkennungsprüfung abgelegt werden.

Welche Bedingungen Sie mit einem ausländischen Studienabschluss erfüllen müssen, und wie Sie dabei vorgehen sollten, können Sie der jeweiligen Promotionsordnung entnehmen.

4 Die Promotionsbetreuung

Promotionen werden in Deutschland üblicherweise von zwei Personen begutachtet. Oft werden diese Gutachter*innen als Promotionsbetreuung bezeichnet.

Zunehmend wird diskutiert, ob die Begutachtung von Promotionen ganz oder teilweise durch externe Begutachtende übernommen werden soll. Das ist in manchen Ländern gängige Praxis. Bisher ist das in Deutschland noch nicht der Fall, es bleibt aber abzuwarten, wie sich diese Diskussion entwickelt.

Früher wurden Promotionsbetreuende als Doktorväter oder Doktormütter bezeichnet. In den aktuellen Promotionsordnungen wird jedoch von der Promotionsbetreuung bzw. der/dem Promotionsbetreuer*in gesprochen, und das soll auch hier die gültige Bezeichnung sein.

> Die Erst- und Zweitbetreuenden sind i.d.R. auch die Gutachter*innen der Dissertation. Sie werden nach der Einreichung der Dissertation vom Promotionsausschuss aufgefordert, Gutachten zu erstellen und eine Note zu vergeben. Sie gehören dann auch zur Kommission bei der Verteidigung (Disputation) oder des Rigorosums.

Die Begutachtung der Promotion erfolgt gemäß der Promotionsordnung meistens durch zwei Personen. Diese werden als Erstbetreuer*in und Zweitbetreuer*in bezeichnet. Häufig wird in der Praxis die Zweitbetreuung nicht schon zu Beginn der Promotion, sondern erst im Laufe des Promotionsprozesses ausgewählt. Spätestens bei der Einreichung der Dissertation muss jedoch feststehen, wer die Zweitbetreuung übernimmt. Idealerweise passiert das aber schon sehr viel früher, da die frühzeitige und regelmäßige fachliche Beratung und die Expertise der Zweitbetreuung für die Promovierenden sehr gewinnbringend sein kann.

> Um zur Promotion zugelassen zu werden, benötigen Sie zu Beginn der Promotion mindestens eine Promotionsbetreuerin oder einen Promotionsbetreuer. Zur Eröffnung des Promotionsverfahrens, also bei Einreichung der Dissertation, benötigen Sie zusätzlich eine Zweitgutachterin oder einen Zweitgutachter.

Als Erstbetreuer*in wird diejenige Person bezeichnet, die die Erstellung der Dissertation fachlich hauptsächlich betreut. In der Fakultät, zu der die Erstbetreuung gehört, wird auch die Zulassung zur Promotion beantragt. Ob die

Zweitbetreuung bzw. die Zweitbegutachtung aus der gleichen Fakultät/Universität gestellt werden muss oder ob es die Möglichkeit gibt, externe Promotionsbetreuerende zu wählen, lässt sich der Promotionsordnung entnehmen. In allen Fällen gilt jedoch, dass Promovierende und beide Betreuende sich an die Vorgaben der Promotionsordnung der Fakultät zu halten haben, also derjenigen Promotionsordnung, die an der Fakultät bzw. am Fachbereich der Erstbetreuung gilt.

Die Promotionsbetreuung begleitet die Promotion fachlich, unterstützt beim Schreiben des PromotionsExposés, schreibt ggf. ein Gutachten zur Bewerbung auf ein Stipendium und gibt im Verlauf des Promotionsprozesses mehrmals Feedback. Außerdem werden von Promotionsbetreuenden fast immer Kolloquien angeboten, in denen Promovierende den Fortschritt ihrer Arbeiten vorstellen und diese mit anderen Promovierenden diskutieren können. Viele Promotionsbetreuende ermuntern ihre Doktorand*innen zusätzlich, wissenschaftliche Tagungen zu besuchen, Vorträge zu halten, Aufsätze zu publizieren und ggf. zu lehren.

Was genau Promovierende jedoch von der Betreuung erwarten können, kann stark variieren und wird zudem oftmals nicht konkret thematisiert, sodass Betreuerende und Promovierende unterschiedliche Vorstellungen haben können. Nicht erfüllte Wünsche und Bedarfe können im Verlauf der Promotion in Enttäuschungen und Frustration münden. Es ist dementsprechend sinnvoll, eine formale Promotionsvereinbarung (siehe S. 31) zu schließen. Dies ist an vielen Universitäten üblich, und diese Möglichkeit sollte unbedingt genutzt werden. Aber auch ohne die Verpflichtung einer schriftlichen Vereinbarung sollten die beiderseitigen Erwartungen und die Rahmenbedingungen geklärt sein.

4.1 Eine Promotionsbetreuung suchen und finden

Manchmal bieten Professor*innen ihren Studierenden bereits während des Studiums eine Promotion inklusive Promotionsbetreuung an. In einigen dieser Fälle ist dies mit dem Angebot einer Stelle als wissenschaftliche Mitarbeiter*in verbunden, also mit der Möglichkeit, im Rahmen eines Forschungsprojektes zu promovieren. Dies ist gerade dann von Vorteil, wenn das Projektthema mit dem Thema der Dissertation harmoniert, sodass sich Promovierende intensiv mit dem Thema ausein-andersetzen können. Es hat jedoch den Nachteil der doppelten Abhängigkeit, wenn der/die Chef*in gleichzeitig die Betreuung der Dissertation übernimmt. Wer das nicht möchte oder wem diese Gelegenheit nicht geboten wird, muss sich aktiv um eine Promotionsbetreuung bemühen.

Bei der Suche nach einer Betreuung sollte die fachliche Expertise des Professors bzw. der Professorin für das geplante Promotionsthema im Vordergrund stehen. Möglicherweise sind aus dem Studium bereits Professor*innen bekannt, die dann persönlich angesprochen werden können. Ansonsten bietet sich eine umfassende Recherche an. Günstig ist es hier, Fachliteratur zu studieren, die man für die Systematisierung des aktuellen Forschungsstandes ohnehin braucht. Die Verfasser*innen dieser Forschungsliteratur sind gleichzeitig Expert*innen für das Promotionsthema. Weiterführende Informationen über die Wissenschaftler*innen können dann den jeweiligen Webseiten entnommen werden.

Bevor jedoch ein*e mögliche*r Promotionsbetreuer*in angesprochen wird, sollte man sich schon intensive Gedanken zum Promotionsthema gemacht haben. Das bedeutet, dass die wichtigste Forschungsliteratur gelesen ist, und schon mögliche spannende, wissenschaftlich relevante Forschungsfragen skizziert oder ausformuliert sind. Sinnvoll kann es auch sein, bereits den Promotionsverlauf grob geplant zu haben.

Wie die erste Kontaktaufnahme stattfindet, ist genau zu überlegen. Wenn ein persönlicher Eindruck gewünscht ist, empfiehlt es sich, einen öffentlichen Vortrag bzw. eine Tagung zu besuchen, um sich ggf. auch persönlich vorzustellen. Ansonsten empfehle ich eine E-Mail mit der Bitte um einen Gesprächstermin. An die E-Mail angehängt werden sollten in diesem Fall die für die Promotion relevanten Angaben zur eigenen Person. Sie könnten kurz benennen, welche wissenschaftliche Ausbildung Sie genossen haben (z.B. Studienschwerpunkte, Studienabschluss) und welches Promotionsthema Sie interessiert (z.B. Forschungsfragen und eine Ideenskizze (siehe dazu auch Kapitel 11.1 „Die Ideenskizze" ab. S. 141)). Auf dieser Grundlage kann die angeschriebene Person die eigene fachliche Zuständigkeit für das Thema, dessen wissenschaftliche Relevanz und das Interesse an der Betreuung prüfen und Sie kontaktieren. Vergessen Sie bitte nicht, Ihre Kontaktdaten anzugeben, denn vielleicht möchte Ihr/e zukünftige/r Betreuer*in sich telefonisch mit Ihnen in Verbindung setzen.

Welche wichtigen Kriterien für die Auswahl der Promotionsbetreuer*innen gibt es?

Bei der Suche nach einer Promotionsbetreuung kommt immer wieder die Frage auf, was man dabei unbedingt beachten sollte und nach welchen Kriterien die Entscheidung zu treffen ist. Ich werde hier deshalb einige Kriterien nennen, die bei der Suche nach einer Promotionsbetreuung eine Rolle spielen könnten oder sollten. Auf alle Kriterien werde ich ausführlich eingehen:

1. Fachliche Kompetenz
2. Kommunikations- und Beratungskompetenz
3. Erreichbarkeit
4. Interne versus externe Promotionsbetreuung entweder als wissenschaftliche/r Mitarbeiter*in oder als externe*r Promovend*in (S. 59)

1. Fachliche Kompetenz

Die Promotionsbetreuung muss den Forschungs- und Schreibprozessprozess mit Ideen, Hinweisen und inhaltlichen Fragen und Anregungen unterstützen können. Darum ist es wichtig, für die Betreuung der eigenen Arbeit eine Person auszuwählen, die Expert*in für das Promotionsthema ist und die/den Promovierende*n wissenschaftlich fundiert begleiten und beraten kann. Promovierende sind in ihrem langen Promotionsprozess vor allem auf fachliche Expertise angewiesen, besonders im fortgeschrittenen Stadium ihrer Dissertation.

2. Kommunikations- und Beratungskompetenz

Promotion betreuende sollten jedoch auch die Fähigkeit besitzen, konstruktiv zu beraten. Diese Fähigkeit lässt sich daran messen, wie verständlich, konkret und motivierend Rückmeldungen gegeben werden. Das Feedback sollte immer konstruktiv sein und niemals entmutigend oder destruktiv. Wichtig sind jedoch auch das Angebot und die Wahrnehmung regelmäßiger Gesprächstermine, sowie die Ansprechbarkeit bei Störungen und Krisen im Promotionsprozess. Wenn es bei der Formulierung von Forschungshypothesen oder bei der empirischen Forschung Probleme gibt oder wenn sich der oder die Promovierende in eine aussichtslos erscheinende Schreibblockade manövriert hat: An allen Stellen ist konstruktive Hilfe erwünscht und wichtig. Denn zwar ist das Verfassen einer Dissertation eine eigenständige wissenschaftliche Leistung der/des Promovierenden, aber andererseits sind Promovierende immer auch Lernende, die eine Beratung in der Promotionsphase beanspruchen können/müssen.

3. Erreichbarkeit

Anders als im Präsenzstudium muss die Bearbeitung der Promotion nicht zwingend an der Universität erfolgen, also an dem Ort, an dem zumindest der oder die Erstbetreuende arbeitet. Dennoch kann eine gute Erreichbarkeit dieser Person, sei es telefonisch oder persönlich, eine große Rolle für den Erfolg des Promotionsprojektes spielen.

Es ist also grundsätzlich möglich, die Promotionsbetreuung auch weit weg vom eigenen Wohnort zu wählen. Dann sollte man aber unbedingt darauf achten, den Anschluss an die Betreuungsperson und andere Promovierende zu behalten. Das kann den regelmäßigen Besuch von Kolloquien bedeuten, aber auch die Wahrnehmung regelmäßiger Gesprächstermine mit der Promotionsbetreuung und die fachliche und persönliche Vernetzung mit anderen Promovierenden. Wichtig ist, dass es immer möglich sein sollte, bei wichtigen Problemen zeitnah Hilfe zu erhalten.

Wenn die Promotion extern geleistet wird, also ohne dass ein Arbeitsverhältnis mit der Promotionsbetreuung besteht, klären Sie am besten vorher mit der Promotionsbetreuung, ob und wie eine Anbindung an die Forschung, eine Vernetzung mit anderen Promovierenden des Betreuers bzw. der Betreuerin, die Teilnahme an Kolloquien und die Möglichkeit der Teilnahme an Weiterbildungsveranstaltungen organisiert werden kann.

4. Interne versus externe Promotionsbetreuung

Bei einer Promotion als wissenschaftliche*r Mitarbeiter*in an einer Universität, z.B. im Rahmen eines Forschungsprojekts oder auf einer Lehrstuhlstelle, wird die Promotionsbetreuung oft mit dem/der Lehrstuhlinhaber*in oder der Projektleitung vereinbart.

Wichtig ist in diesem Fall, dass die zeitlichen Rahmenbedingungen, also die für die Promotion zur Verfügung stehende Zeit, unbedingt explizit vereinbart werden. Denn die Grenzen zwischen der Arbeit für die Promotion und die Arbeit im Projekt oder Lehrstuhl verschwinden oft im Alltag, nicht selten zulasten der Promotion. Wann und wie viel Zeit für die Promotion zur Verfügung steht, sollte dementsprechend genauso geklärt sein, wie das konkrete Promotionsthema. Zudem sollte, falls Sie im Rahmen eines Forschungsprojektes promovieren, geklärt sein welche Daten Sie aus dem Projekt für Ihre Dissertation nutzen dürfen bzw. inwiefern das Projekt auf die von Ihnen erhobenen Daten zugreifen darf.

Was genau zeichnet eine optimale Promotionsbetreuung aus?

Der Erfolg der Promotionsbetreuung ergibt sich durch das Engagement des Betreuers/der Betreuerin plus dem des/der Promovierenden. Das bedeutet auch, dass eine gute Promotionsbetreuung durch das verbindliche und verlässliche Handeln sowohl der Betreuenden als auch der Promovierenden gekennzeichnet ist.

> Die Promotionsbetreuung sollte den Promotionsprozess unterstützen (können). Das bedeutet, dass sowohl die Betreuenden als auch die Promovierenden verbindliche Absprachen miteinander treffen – und Fristen einhalten müssen.

Welche typischen Schwierigkeiten der Zusammenarbeit gibt es?

Immer wieder gibt es Schwierigkeiten und Unklarheiten, wie Promovierende und Promotion betreuende miteinander arbeiten. Es gibt Promotionsprozesse, die sehr erfolgreich sind, weil sie exzellent betreut werden. Aber es gibt in der Promotionsphase auch Krisen zwischen Promovierenden und der Promotionsbetreuung. Die Ursachen dafür liegen meist auf beiden Seiten und könnten durch Gespräche geklärt werden.

Typische Ursachen

- Missverständnisse über Leistungen auf beiden Seiten
- Zu wenig, unsachliches oder wenig konstruktives Feedback
- Unklare Arbeitsaufträge und Unsicherheiten über Verpflichtungen
- Fehlendes Angebot von Kolloquien, bzw. keine Besuche der Kolloquien durch die Promovierenden
- fehlendes Interesse der Promotionsbetreuenden an dem Vorankommen der Promovierenden
- Nicht eingehaltene Absprachen aufseiten der betreuenden und aufseiten der Promovierenden
- Nicht genügend Zeit und Konzentration für die Promotion
- Zu viel Delegation anderer Aufgaben an die Promovierenden, sodass die Promovierenden zu wenig Zeit für ihre Promotion haben

Besonders schwierig wird es, wenn die Promotionsbetreuenden zu wenig Zeit für die Betreuung und Beratung aufwenden. Grund dafür ist vermutlich die hohe Arbeitsbelastung von Professor*innen. Möglicherweise haben Promotionsbetreuende aber auch ein wenig hilfreiches Verständnis von Beratung bzw. fehlt ihnen das Handwerkszeug, z.B. die Supervisionskompetenz, und die Unterstützung durch die Fakultät/Universität.

Es kann auch sein, dass die Betreuenden der Meinung sind, dass die inhaltliche Beratung nicht in ein Promotionsprozess gehört und die Promovierenden in der Lage sein sollten, ihr Thema allein zu bearbeiten. Darum sollte bereits zu Beginn der Promotion eine Absprache darüber getroffen werden.

Viel zu oft wird die Art und Weise der Promotionsbetreuung zwischen Promovierenden und Promotionsbetreuung nicht thematisiert. Es wird z.B. nicht explizit über die Anzahl von Treffen, Möglichkeiten und Formen des Feedback Nehmens- und Gebens, Unterstützung auch im Hinblick auf die Karriereplanung, gesprochen. So bleibt Vieles im Dunkeln und einige Möglichkeiten der Unterstützung werden nicht ausgeschöpft.

Das Problem für Promovierende besteht auch darin, dass sie von der Promotionsbetreuung völlig abhängig sind. Denn die Betreuenden sitzen mit der Möglichkeit der Begutachtung und Bewertung immer am längeren Hebel. Das ist vielen Promovierenden bewusst und wird umso wirkungsvoller, je weiter die Promotionsphase vorangeschritten ist, je mehr Arbeit investiert wurde und wird zur Belastung, je mehr Uneinigkeit über den weiteren Verlauf der Arbeit besteht.

Versuchen Sie, um viele Probleme erst gar nicht aufkommen zu lassen, deshalb dringend, im Vorfeld soweit es geht zu klären, wie die individuelle Betreuung gestaltet werden kann. Dieses Thema können Sie auch mithilfe der Promotionsvereinbarungen (S. 31) ansprechen.

4.2 Wie kann die Promotionsbetreuung gewechselt werden?

Ein Wechsel der Promotionsbetreuung ist immer der letzte Ausweg. Ob ein Wechsel der Promotionsbetreuung möglich ist und wie er gestaltet werden kann, ist der Promotionsordnung zu entnehmen. Ein Wechsel der Promotionsbetreuung sollte schon allein wegen seines organisatorischen Aufwandes gründlich überlegt werden: Sollte der Wechsel der Promotionsbetreuung mit dem Wechsel der Universität oder der Fakultät einhergehen, sind erneut die Zulassungsbedingungen zu klären und es ist noch mal eine Zulassung zu beantragen. Zudem muss alles, was mit dem oder der ursprünglichen Promotionsbetreuung inhaltlich bereits vereinbart wurde, mit der neuen Promotionsbetreuung erneut besprochen und neu vereinbart werden.

Manchmal lässt sich der Wechsel der Promotionsbetreuung nicht vermeiden, beispielsweise wenn diese die Universität verlässt, krank wird, aus Altersgründen ausscheidet oder gar stirbt. Ein anderer Grund für einen Wechsel können unüberwindbare Konflikte sein. Hier gilt es jedoch zunächst auszuloten, ob die Konflikte nicht doch durch ein klärendes Gespräch gelöst werden können. Zur Vorbereitung auf dieses Gespräch kann sich der oder die Promovierende unter Umständen mithilfe eines Coachings vorbereiten. Viele Universitäten bzw. Fakultäten haben zur Schlichtung bei Konflikten zwischen Promovierenden und Promotionsbetreuenden eine, oder mehrere Personen als Ombudsperson benannt. Diese sollten Sie unbedingt im Rahmen eines vertraulichen Gespräches vor einer Entscheidung kontaktieren. Leichtfertig sollten Sie die Promotionsbetreuung auf gar keinen Fall wechseln.

> Wägen Sie vor einem Wechsel der Promotionsbetreuung Vor- und Nachteile gründlich ab und entscheiden Sie erst dann. Kontaktieren Sie die Ombudsperson.

FAQs zur Promotionsbetreuung

Was mache ich, wenn sich die/die Betreuer*in, die/den ich per E-Mail angesprochen habe, nicht meldet?

Sie könnten die E-Mail noch mal senden, mit einer höflichen Nachfrage, ob die erste angekommen ist. Dabei sollten Sie aber mindestens eine Woche warten. Sie könnten bei einem zweiten Kontakt auch um ein kurzes Telefonat bitten, um einen Gesprächstermin abzusprechen. Sie könnten auch im Sekretariat der Betreuerin/des Betreuers nachfragen – manchmal z.B. am Semesteranfang ist es bei vielen Professor*innen einfach terminlich etwas schwierig.

Oder Sie versuchen, die Promotionsbetreuung telefonisch oder persönlich zu erreichen.

Wenn Sie über längere Zeit, d.h. auch nach mehrmaligem Nachfragen, aus Ihrer Sicht grundlos keine Rückmeldung bekommen haben oder die Erreichbarkeit sich prinzipiell als sehr schwierig gestaltet, überlegen Sie sich, ob diese Art der Betreuung für Sie erfolgversprechend und sinnvoll ist. Eine gute Kommunikation und eine gute Erreichbarkeit zwischen Ihnen und der Promotionsbetreuung sollte während der gesamten Promotion möglich sein. Wenn es bereits zu Beginn schwierig ist, ist das vielleicht ein Zeichen, sich um eine andere Promotionsbetreuung zu bemühen.

Kann ich gleichzeitig mehrere Promotionsbetreuende ansprechen?

Im Prinzip ja. Überlegen Sie aber vorher gut, ob es strategisch wirklich sinnvoll ist, gleich mehrere Personen anzusprechen. Schließlich machen diese sich die Arbeit, Ihre Ideenskizze zu lesen und Ihnen zu antworten. Möglicherweise tauschen sich die die Professor*innen aus und leiten Ihre Ideenskizze auch an besser geeignete Kolleg*innen weiter.

Besser ist es daher, zunächst eine geeignete Person für die Promotionsbetreuung anzusprechen. Sollte diese nicht interessiert sein oder sich bei Ihnen nicht zurückmelden, können Sie immer noch eine andere Person ansprechen.

Woran erkenne ich eine gute Promotionsbetreuung?

Ob Sie mit der Promotionsbetreuung gut zusammenarbeiten und von ihr profitieren können, wird sich erfahrungsgemäß erst nach einem längeren Zeitraum der Zusammenarbeit herausstellen. Sie können und sollten vor Vereinbarung Ihrer Promotionsbetreuung jedoch prüfen, ob Sie und Ihre Betreuer*innen ähnliche Vorstellungen haben, einerseits was die thematischen Zusammenhänge betrifft, als auch den gesamten Ablauf der Promotion. Sie sollten sich darüber verständigen, wie viel Zeit Sie in die Promotion investieren können, welche Form von Betreuung Sie sich wünschen, und Sie können im Vorfeld auch die grobe Terminplanung absprechen. Promotionsbetreuende sollten sich auf Ihre Anfragen zeitnah zurückmelden und auch von sich aus an Ihrem Promotionsfortschritt interessiert sein. Aber auch die Promovierenden sollten Fristen der Promotionsbetreuung einhalten (s.o. unter Kriterien).

Ich möchte meine Dissertation interdisziplinär betreuen lassen. Wie organisiere ich das am besten?

Zunächst benötigen Sie eine Promotionsbetreuung, die an Ihrer Promotion interessiert ist und zu einer interdisziplinären Zusammenarbeit bereit ist. Dann können Sie gemeinsam besprechen, wen sie zu dieser Promotionsbetreuung hinzuziehen. Sie sollten unbedingt klären, an welcher Fakultät sie ihre Dissertation anmelden. Da könnte es günstiger sein, wenn Sie diese Dissertation an der Fakultät bzw. in dem Fach anmelden, indem Sie ihr Studium absolviert

haben. Die zweite Promotionsbetreuung kann dann, je nach Promotionsordnung, aus einer anderen Fakultät bzw. einer anderen Universität erfolgen.
Ein Vorteil einer interdisziplinären Promotion ist, dass Sie die Expertise aus zwei unterschiedlichen Disziplinen für Ihre Promotion haben. Allerdings kann eine interdisziplinäre Promotion auch Nachteile haben, etwa wenn es Unklarheiten zwischen den Betreuenden gibt, etwa weil diese beiden Fächer inhaltlich, theoretisch und methodisch sehr auseinanderliegen. Das sollten Sie bedenken und sich da gegebenenfalls beraten lassen.

5 Die Finanzierung der Promotionsphase

Die Finanzierung der Promotionsphase ist eine der wichtigsten Fragen vor, und manchmal auch während der Promotion.

Die Promotion selbst kostet zwar keine Gebühren, es sei denn, man möchte oder muss sich an der Universität einschreiben und dafür Semestergebühren zahlen. Dass es sehen aber nicht alle Promotionsordnungen vor, daher sollte ein Blick in die Ordnung Klarheit schaffen. Dennoch fallen natürlich die Lebenshaltungskosten an und möglicherweise entstehen durch die Promotion auch weitere Kosten. Vor allem Hard- oder Software, Fachbücher, Forschungsmaterial, Büromaterial, Porto- und Reisekosten fallen hier ins Gewicht. Darum ist es notwendig, für die Promotionsphase eine Finanzierungsform zu finden, die alle anfallenden Kosten deckt.

5.1 Hindernisse der Finanzierung der Promotionsphase

Die Finanzierung einer Promotion bzw. die Finanzierung der Promotionsphase ist ein Thema, das viele Promovierende umtreibt. Auch die Vorbereitungsphase der Promotion, also die Zeit zwischen dem Abschluss des Studiums und dem Beginn der Promotion, muss finanziert werden. In dieser Zeit muss die Promotion geplant, eine Finanzierung gefunden und das Exposé geschrieben werden.

Einige Promovierende entscheiden sich dazu, ein Stipendium zu beantragen. Die Fertigstellung aller Unterlagen zur Bewerbung auf ein Stipendium und das Warten auf eine Zu- oder Absage kann jedoch Monate in Anspruch nehmen, in der die Finanzierung der Promotion unsicher ist. Es ist dementsprechend hilfreich, gleichzeitig mehrere Strategien zur Finanzierung der Promotion auszuloten und zu initiieren. Es ist also durchaus angebracht, sich gleichzeitig auf ein Stipendium und auf Stellen als wissenschaftliche*r Mitarbeiter*in zu bewerben.

Die Beschäftigung an der Universität – egal ob auf einer Lehrstuhlstelle oder im Rahmen eines Forschungsprojekts – kann sehr zeit- und kraftzehrend sein. Der schnelle Umgang mit Informationen und Wissen, die Vorbereitung der Lehre und das Lesen und Bewerten von (zum Teil sehr vielen) Klausuren und Hausarbeiten kann, genauso wie das Publizieren von Forschungsergebnissen, besonders am Anfang, wenn die Routine fehlt, sehr anstrengend sein. Bei vielen Promovierenden geht dies zulasten der Zeit und Energie, die sie eigentlich für die Arbeit an der Dissertation benötigen würden.

Demgegenüber haben Stipendiat*innen zwar Zeit, ihnen fehlen aber oft die Informations- und Netzwerkstrukturen der Hochschule, sodass es sich für Promovierende darum anbietet, das Stipendium mit wenigen Stunden als Lehrkraft oder wissenschaftliche Mitarbeitende zu ergänzen oder an Promotionskolloquien teilzunehmen.

In den meisten Fällen gelingt es nicht, die gesamte Promotionsphase aus nur einer der beiden genannten Finanzierungsquellen zu bestreiten. Denn oft enden befristete Beschäftigungsverhältnisse oder Stipendien, bevor die Dissertation eingereicht, oder die Promotion mit der Disputation ggf. dem Rigorosum und der Veröffentlichung der Publikation beendet ist. Das führt oftmals dazu, dass die Endphase der Promotion in prekären finanziellen Verhältnissen bestritten wird. Zu dem Stress, der sich kurz vor Abgabe der Dissertation durch die Endüberarbeitung ergibt, kommt dann auch noch der Druck, sich schnell eine neue Finanzierung zu suchen, oder sich sogar in einen neuen Job einarbeiten zu müssen. Die Kombination aus Existenzängsten und dem Druck der Neuorientierung ist für viele Promovierende physisch wie psychisch stark belastend. Es ist dementsprechend sinnvoll, sich auf diese prekäre Abschlusssituation vorzubereiten und diese möglichst zu verhindern, indem man sich frühzeitig weitere Finanzierungen sichert.

> Bleiben Sie bei den Finanzierungsstrategien Ihrer Promotion flexibel. Sie können sich gleichzeitig auf Projektstellen bewerben und Stipendien beantragen. Sie können sich auch während der Arbeit in einem Forschungsprojekt auf ein Stipendium bewerben und dieses dann antreten. In den meisten Fällen ist es auch möglich, das Stipendium durch eine geringe Stundenzahl als wissenschaftliche*r Mitarbeiter*in zu ergänzen, was den Vorteil mit sich bringt, mehr Geld zur Verfügung zu haben und gleichzeitig in wissenschaftliche Netzwerke eingebunden zu sein.

5.2 Die Finanzierung auf einer Stelle als wissenschaftliche/r Mitarbeiter*in

Ca. 80 % der Promovierenden in Deutschland promovieren auf Stellen als wissenschaftliche Mitarbeiter*innen (BuWiN 2013/2017). Damit sind jene Personen gemeint, die im Rahmen ihrer Beschäftigung an Universitäten promovieren und möglicherweise eine Qualifikationsstelle besetzen. Sie sind an Universitäten auf Projekt-, Lehrstuhl- oder Koordinationsstellen angestellt und erbringen einen Großteil der Leistungen universitärer Forschung und Lehre.

Die Befristungsanteile des wissenschaftlichen Nachwuchses ist in Deutschland hoch. Promovierende werden als wissenschaftliche Mitarbeiter*innen nur auf befristeten Stellen eingestellt. Die meisten Projektstellen sind sogar mit einer deutlich kürzeren Laufzeit verbunden, weil die Projekte, besonders im Bereich der Geistes- Kultur- und Sozialwissenschaften, für eine begrenzte Zeit beantragt und bewilligt wurden. Viele angehende Wissenschaftler*innen sind oft froh, einen Dreijahresvertrag zu bekommen. Die Regel sind eher kürzere Verträge von ein oder zwei Jahren, was wiederum bedeutet, dass die Projektarbeit auslaufen wird, bevor die Dissertation eingereicht oder die gesamte Promotion beendet ist.

Das Promovieren auf einer Projektstelle

Mit Projektstellen sind jene Stellen gemeint, die im Rahmen eines Forschungsprojektes vergeben werden. Auf ganzen oder halben Stellen für wissenschaftliche Mitarbeitende führen Promovierende unter der Projektleitung Forschungsprojekte durch. Die Projektleitung sind oft Professor*innen – in manchen Fällen sind es Promovierte (Postdocs). Die konkreten Tätigkeiten sind oft unterschiedlich und hängen vom jeweiligen Projektantrag ab. Allgemein kann jedoch gesagt werden, dass die Promovierenden i.d.R. sowohl an der Forschung beteiligt werden z.B. Planung und Ausführung von Studien, Auswertung und Veröffentlichung der erhobenen Daten sowie die Beteiligung an der Präsentation der Forschungsergebnisse auf Konferenzen. Der Einsatz in der Lehre ist für Promovierende auf Projektstellen optional.

Die Stellen werden meistens öffentlich ausgeschrieben und lassen sich u.a. auf folgenden Internetseiten recherchieren:

Auf www.academics.de finden Sie eine Stellenbörse für Stellen in der Wissenschaft. Hier kann man sich auch auf eine Mailingliste eintragen und wöchentlich über neue Stellenangebote informiert werden.

Dann gibt es www.elfi.info, die Servicestelle für Elektronische Forschungsförderinformationen. Diese Datenbank über Fördermittel eignet sich auch für die Akquise von Forschungsgeldern. Vielleicht hat man jedoch auch das Glück und stösst auf Ausschreibungen von Promotionskollegs.

Und auch auf den *Webseiten der Universitäten* werden Stellen ausgeschrieben. Diese müssen einzeln gesucht werden. Meistens lassen sie sich in der A–Z-Rubrik unter „S“ wie „Stellenbörse“ oder „Stellenangebote“ finden.

Die Beschäftigung auf einer Projektstelle und die Promotion im Rahmen eines Forschungsprojektes hat Vor- und Nachteile für Promovierende. Schwierigkeiten für den Erfolg des Promotionsprojektes gibt es besonders bei der Trennung der Projektarbeit von der Arbeit an der Dissertation. Auch die Doppelrolle der Projektleitung, Vorgesetzte*r und Promotionsbetreuung kann in der Praxis zu Verzögerungen der Promotion führen.

Vorteile einer Projektstelle

- Sie ermöglicht das Promovieren nah am Projektthema. Daraus ergeben sich Synergieeffekte zwischen Promotion und Projekt und es muss gedanklich nicht immer hin- und her geschaltet werden.
- Die für das Projekt benötigten und durch Projektgelder finanzierten Materialien und die Forschungsliteratur können ggf. auch für die Promotion nützlich sein. Zudem können die Reisekosten zu (auch für die Promotion relevanten) Tagungen über das Projekt abgerechnet werden.
- Die Projektarbeit ermöglicht Publikationen sowie Beiträge auf Tagungen. Das ist möglicherweise für eine weitere wissenschaftliche Karriere relevant.
- Projektarbeit ermöglicht fachlichen Austausch und Vernetzung, da man mit vielen Expert*innen, Kolleg*innen und ggf. auch Praktiker*innen in Kontakt kommen kann. Für die weitere Berufsplanung ist das nicht schlecht.

Nachteile einer Projektstelle

- Die zum Teil sehr hohe Arbeitsbelastung in einzelnen Projektphasen kann zulasten der Promotion gehen, denn die Anforderungen des Projekts scheinen in manchen Phasen dringender zu sein als die eigene Dissertation
- gerade bei der Promotion bei dem/der Chef*in können sich berufliche Anforderungen und die Ansprüche der Promotion überschneiden, was zu Konflikten führen- und die Promotionszeit verlängern kann

Worauf sollte man also achten, wenn man im Rahmen eines Forschungsprojektes an der Hochschule promoviert?

Trotz der genannten Nachteile ist die Promotion im Rahmen eines Forschungsprojektes eine gute Form der Promotion. Wichtig ist aber:

- man sollte die Projektarbeit und die Arbeit an der Promotion so gut wie möglich trennen und klar voneinander abgrenzen. Dies ist zum Beispiel möglich, indem man zu bestimmten Zeiten im Büro erscheint und dann ausschliesslich an Projektinhalten arbeitet und sich zu anderen (verbindlichen) Zeiten an einem anderen Ort der Promotion widmet. Dies sollte im Vorfeld mit dem/der Chef*in abgesprochen werden. Sowohl die Projektleitung als auch die Kolleg*innen als auch der oder die Promovierende sollten sich dann verbindlich daran halten, wenn es keine Aufweichungen geben soll. Wichtig: Alle Arrangements, die die Promotion beeinträchtigen, sollten tunlichst vermieden werden

- die Arbeit in Forschungsprojekten ist anstrengend. Vor allem das Verfassen von Zwischen- und Endberichten sowie anderen projektinternen Publikationen nimmt viel Zeit und Energie in Anspruch. Planen Sie diese intensiven Arbeitsphasen ein. Sie müssen in diesen Zeiten nicht ganz auf die Arbeit Ihrer Promotion verzichten. Da Sie aber wahrscheinlich sehr ausgelaugt sein werden, können Sie für diese Phasen solche Arbeiten einplanen, die keine hohe Konzentration erfordern, wie die Recherche von Literatur, Kopieren und die Verwaltung von Literatur, Erstellen der Literaturlisten etc. Natürlich bedeutet dies auch, dass Sie in den Zeiten, in denen es im Projekt ruhig zugeht, intensiv an Ihrer Dissertation arbeiten sollten!
- Sie sollten frühzeitig abklären, ob und welche Daten aus dem Projekt für Ihre Dissertation verwendet werden können
- wenn Ihr/e Promotionsbetreuer*in bzw. gleichzeitig Ihr*e Chef*in ist, dann sollten Sie darauf achten, dass regelmässige Gesprächstermine stattfinden, in denen es ausschliesslich um Ihre Promotion geht. Gerade wenn es inhaltliche Überschneidungen zwischen dem Projekt- und dem Promotionsthema gibt, kann es sein, dass seltener über die Dissertation gesprochen wird. Im Rahmen von Vermeidungsstrategien kann das sogar von den Promovierenden selbst kommen, meist dann, wenn diese selbst unzufrieden mit Ihrem Fortkommen sind oder eine Krise erleben

Das Promovieren auf einer Lehrstuhlstelle

Mit Lehrstuhlstellen sind hier Stellen gemeint, die zwar genau wie die Projektstellen an der Universität angesiedelt sind und von einem Professor bzw. einer Professorin geleitet werden, die aber nicht im Rahmen eines Forschungsprojektes, sondern direkt am Lehrstuhl angesiedelt sind.

Die Tätigkeiten erstrecken sich primär auf die Lehre. Dies bedeutet aber nicht die Vorbereitung und die Leitung von Seminaren, sondern auch die Abnahme bzw. Beaufsichtigung von Prüfungen, Klausurkorrekturen, die Betreuung von Bachelor- und Masterarbeiten. Genauso umfassen sie Gremienarbeit, die Unterstützung des Lehrstuhls bei Administrationsaufgaben und möglicherweise auch die Beteiligung bei der Beantragung neuer Forschungsprojekte, indem Sie an einem Forschungsantrag mitschreiben.

Vorteile einer Lehrstuhlstelle

- die Promovierenden erwerben Lehrkompetenzen, die nach der Promotion, also bei der Bewerbung auf eine Professur, vorausgesetzt werden. Die Belastung durch die Lehre bzw. die Vorbereitung der Lehre lässt sich zudem mit steigender Erfahrung besser bewältigen.
- Sie erhalten Einblick in Hochschulstrukturen und hochschulische Aushandlungsprozesse.
- Sie können aktiv Networking mit anderen Promovierenden betreiben.
- In der vorlesungsfreien Zeit können Sie sehr gut promovieren.

Nachteile einer Lehrstuhlstelle

- Es gibt nicht unbedingt, wie beispielsweise bei einer Projektstelle, Überschneidungen des Promotionsthemas und der Arbeit an der Uni (also auch keine Synergien). Die Ausnahme davon ist, dass Sie gezielt Lehrveranstaltungsinhalte wählen bzw. anbieten dürfen, die für Ihre Promotion (die Dissertation oder die Prüfungsthemen des Rigorosums) von Bedeutung sind.
- Die Arbeitsbelastung während der Vorlesungszeiten ist sehr hoch, sodass Sie in dieser Zeit wenig Energie für Ihre Promotion haben werden.
- Die Priorität hat in der Praxis meist die Arbeit am Lehrstuhl, oft auch über die vereinbarte Arbeitszeit hinaus.

Worauf sollte man achten, wenn man auf einer Lehrstuhlstelle promoviert?

- Die Arbeit am Lehrstuhl ist meist eng an die Vorlesungszeit gebunden. Darum ist es sinnvoll, die vorlesungsfreie Zeit für die Arbeit an der Promotion frei zu machen und sich in dieser Zeit auch einen Urlaub oder zumindest eine mehrtägige Erholungszeit zu gönnen, in der man neue Energie tanken und Gedanken reifen lassen kann.
- Die Arbeit am Lehrstuhl, in der Lehre und den Gremien ist oft an Termine gebunden. Dabei finden die Sitzungen und Seminare i.d.R. in der Vorlesungszeit statt. Das bedeutet, dass man die Promotionszeit in der Vorlesungszeit um diese Termine herum legen muss. Es ist sehr wichtig, sich unbedingt fixe Zeit für die Promotion zu reservieren
- Man sollte seine Termine im Rahmen der Möglichkeiten auf ein Minimum reduzieren und diese zudem zeitlich begrenzen, um ungestörte Zeit zum Promovieren zu haben. Zum Beispiel sollten die

Studierenden aufgefordert werden, feste Sprechstunden einzuhalten, sodass Sie nicht ständig durch Unterbrechungen belästigt werden.

- Es ist ratsam, die Promotion ggf. nicht im Büro an der Uni zu schreiben, besonders dann, wenn man zwischendurch gerne Aufgaben übertragen bekommt, oder wenn Studierende trotz Ermahnung ständig ausserhalb der Sprechstunde kommen. Das gleiche gilt natürlich, wenn man sich gerne durch ein nettes Gespräch mit Kolleg*innen ablenken lässt!
- Es ist immer von Vorteil, sich stetig weiterzubilden, vor allem, was die hochschuldidaktische Ausbildung angeht. Sie sollten mit dem/der Chef*in absprechen, wie und warum Sie sich weiterbilden möchten und sollten klären, inwiefern Ihre eigene Weiterbildung der Tätigkeit im Lehrstuhl dient und in der Arbeitszeit geleistet werden kann.

5.3 Die Finanzierung durch ein Stipendium

Eine Alternative für die Finanzierung der Promotionsphase ist die Bewerbung auf ein Promotionsstipendium. Stipendien werden von Begabtenförderwerken, Universitäten und Stiftungen vergeben.

Die meisten der Stipendien in Deutschland werden durch die Begabtenförderwerke vergeben. Die einzelnen Begabtenförderwerke fördern nach den Richtlinien des Bundesministeriums für Bildung und Forschung (BMBF), unterscheiden sich jedoch in ihrer Ausrichtung. So gibt es z.B. politisch-ausgerichtete, religions-ausgerichtete oder gewerkschaftlich-ausgerichtete Begabtenförderwerke, die unterschiedliche Zielgruppen ansprechen und unterschiedliche Förderschwerpunkte und Forschungskooperationen haben. Auch private oder öffentliche Stiftungen oder einzelne Fakultäten/Universitäten vergeben Promotionsstipendien.

Einige von den Förderern unterstützen einen Teil ihrer Promovierenden im Rahmen von Graduierten- bzw. Promotionskollegs.

> Auf der Webseite https://www.stipendienlotse.de können Sie sich über die verschiedenen Stipendien informieren. Die interaktive Plattform des Bundesministeriums für Bildung und Forschung (BMBF) ermöglicht eine Recherche nach unterschiedlichen Kriterien und Möglichkeiten.
>
> Ebenfalls interessant für die Recherche von Promotionsstipendien ist die Servicestelle für ELektronische ForschungsförderInformationen www.elfi.info. Dort können auch andere Forschungsgelder recherchiert werden.

Um herauszufinden, ob bzw. welche Bewerbungsfristen es gibt und wie die Bewerbungsverfahren der unterschiedlichen Begabtenförderwerke im Einzelnen ablaufen, sollten Sie die Programme genauer unter die Lupe nehmen. Dort erfahren Sie auch, welche Zielgruppen gefördert werden und welche Voraussetzungen Sie, was z.B. Ihr gesellschaftliches Engagement, Ihr Alter oder eine Mindestnote betrifft, mitbringen sollten. In der Regel werden von den Begabtenförderwerken gleichermaßen Bildungsin- und Bildungsausländer*innen gefördert.

Promovierende erhalten auch Stipendien, wenn sie z.B. im Rahmen eines DFG-Graduiertenkollegs promovieren.

> Stipendiengeber*innen wie Begabtenförderwerke, Universitäten oder Stiftungen legen unterschiedliche Kriterien an die Auswahl ihrer Stipendiat*innen an. Recherchieren Sie, welche Kriterien für Sie zutreffen, um herauszufinden, welche Fördermöglichkeiten für Sie am besten passen.

Es ist formal nicht erwünscht, sich gleichzeitig bei mehreren Stiftungen zu bewerben. Wenn Sie allerdings von einer Stiftung abgelehnt werden, können Sie sich zwar nicht erneut bei dieser Stiftung bewerben, allerdings können Sie sich noch bei einer anderen Stiftung bewerben.

> Weitere wichtige Internetseiten
>
> Auf dieser Webseite stellen sich die Begabtenförderwerke vor:
> https://www.stipendiumplus.de
>
> Informationen zu DFG-Graduiertenkollegs finden Sie auf:
> www.dfg.de
>
> Eine Datenbank für Stipendien bietet das Bundesministerium für Bildung und Forschung (BMBF):
> www.stipendienlotse.de

Vorteile eines Stipendiums

- Ein Stipendium bietet ausreichend Zeit für die Dissertation.
- Es besteht die Möglichkeit bzw. die Verpflichtung, an Weiterbildungsveranstaltungen der Stiftungen teilzunehmen. Von diesen Angeboten können Sie sehr profitieren.
- Manche Begabtenförderwerke geben Zuschüsse zur Finanzierung der Kinderbetreuung.
- Ggf. kann man bei der Stiftung auch einen Druckkostenzuschuss zur Veröffentlichung der Dissertation beantragen.

Nachteile eines Stipendiums

- Viele Begabtenförderwerke fördern nur bis zu einem bestimmten Höchstalter.
- Die Krankenversicherung muss selbst gezahlt werden.
- Es gibt oft keine oder nur eine schwache Anbindung an die Hochschule/ Promotionsbetreuung.
- Sie erwerben während der Zeit des Stipendiums keine Rentenansprüche.
- Wenn das Stipendium endet, besteht möglicherweise kein Anspruch auf Arbeitslosengeld.

Worauf man achten sollte, wenn man mit einem Stipendium promoviert

- Versuchen Sie, eine Anbindung an die scientific community herzustellen, indem Sie Veranstaltungen (z.B. offene Kolloquien, Antrittsvorlesungen, Vorträge der Fakultät) besuchen oder indem Sie mit einer geringen Stundenzahl nebenbei an der Universität arbeiten.
- Vernetzen Sie sich aktiv mit anderen Promovierenden. Initiieren Sie z.B. eine Schreibgruppe oder regelmäßige kollegiale Treffen, bei denen Sie sich gegenseitig bei Problemen helfen können.
- Sammeln Sie Erfahrungen an der Hochschule. Wenn Sie vorhaben, an der Universität Karriere zu machen, bietet es sich zunächst an, z.B. mittels eines Lehrauftrags Erfahrungen als Lehrende/r zu sammeln.
- Nehmen Sie an wissenschaftlichen Tagungen teil. Bewerben Sie sich mit Ihrem Thema auch für Vorträge auf Tagungen. Sie können Tagungen z.B. unter www.conferencealerts.com oder dem Informationsdienst der deutschen Wissenschaft www.idw-online.de oder bei den Fachgesellschaften und in Fachzeitschriften recherchieren.
- Halten Sie regelmäßigen Kontakt zur Promotionsbetreuung und stellen Sie Ihre Forschungsfortschritte regelmäßig im Kolloquium vor.

> ArbeiterKind.de als Deutschlands größte Organisation für Studierende der ersten Generation bietet auch für Promovierende Unterstützungs- und Vernetzungsmöglichkeiten an.
>
> Der gemeinnützige Verein "Erste Generation Promotion – EGP e. V." bietet ein Beratungs- und Vernetzungsangebot für Masterstudierende und Doktorand*innen. https://www.egp-verein.de/

FAQs zum Stipendium

Muss ich einer Partei, einer Gewerkschaft oder einer Kirche angehören, wenn ich mich auf ein Stipendium bewerben möchte?

Nein, das müssen Sie nicht unbedingt. Sie sollten sich aber dennoch darüber im Klaren sein, aus welchen Gründen Sie sich für das von Ihnen ausgewählte Stipendium bewerben und was Sie für dieses Stipendium auszeichnet. Sie sollten ein gewisses Engagement im Sinne der Förderorganisation vorweisen können. Recherchieren Sie gründlich, nach welchen Kriterien die einzelnen Förderwerke Stipendien vergeben, und finden Sie heraus zu welcher Stiftung Ihr Forschungsthema und Ihr persönliches Profil am besten passen.

Kann ich mich mehrmals bei einer Stiftung bewerben?

Normalerweise nicht. Schauen Sie bei Ihrer Recherche nach diesbezüglichen Informationen. Wenn es Spielraum gibt – versuchen Sie es!

Kann ich mich bei mehreren Stiftungen gleichzeitig bewerben?

Erwünscht wird eine zeitgleiche Streuung von Bewerbungen durch die Stiftungen nicht, auch weil davon ausgegangen wird, dass Sie sich aufgrund Ihrer persönlichen Präferenzen für eine bestimmte Stiftung entschieden haben. Aus strategischen Gesichtspunkten ist es aber günstig, sich zuerst bei derjenigen Stiftung zu bewerben, die Ihren persönlichen politischen, sozialen und religiösen Weltanschauungen nahe ist und die zum inhaltlichen Profil Ihrer Arbeit passt.

Muss ich das Stipendium zurückzahlen?

Das Stipendium muss i.d.R. nicht zurückgezahlt werden. Das gilt auch, wenn Sie nicht in der Höchstförderdauer fertig werden oder Ihre Promotion abbrechen.

Bringt ein Stipendium Nachteile beim Berufseinstieg, weil ich z.B. durch eine politische Stiftung gefördert wurde?

Zunächst einmal ist es eine Auszeichnung, ein Stipendium zu erhalten. Ein Stipendium sollte Ihnen daher keine Nachteile bringen.

5.4 Die externe Finanzierung

Einige externe Promovierende erhalten weder ein Stipendium, noch haben sie eine Stelle an der Hochschule inne. Sie werden entweder von anderen Personen unterstützt (z.B. von den Eltern oder Ehepartner*innen) oder sie leben von ihren Ersparnissen.

Andere Promovierende arbeiten an einer anderen Universität als der, an der sie promovieren, sie promovieren sozusagen extern. Wieder andere promovieren während sie eine Rente beziehen, in Elternzeit sind oder andere staatliche Leistungen (z.B. das Arbeitslosengeld) beziehen, wobei sie in diesem Falle natürlich potenziell dem Arbeitsmarkt zur Verfügung stehen. Manche promovieren auch berufsbegleitend (s.u.). In einigen dieser Fälle werden Promovierende für die Zeit, oder für einen Teil der Zeit, vom Arbeitgeber freigestellt oder promovieren direkt in einem Unternehmen.

Die Vor- und Nachteile der externen Finanzierung bzw. der externen Promotion sind ähnlich wie die der Finanzierung durch ein Stipendium (s.o.). Achten Sie darauf, dass der Kontakt zur Hochschule erhalten bleibt und Sie im Austausch mit anderen Promovierenden, auch mit andern externen Promovierenden, bleiben. Denn die Probleme in der Promotionsphase sind eher struktureller Natur und der Austausch über Strategien und Lösungen erleichtert das eigene Promovieren erheblich.

Das berufsbegleitende Promovieren

Das Promovieren bei gleichzeitiger Berufstätigkeit außerhalb der Hochschule kommt in den Sozial-, Kultur- und Geisteswissenschaften wahrscheinlich häufiger vor als in den Naturwissenschaften. Grund dafür ist, dass keine Anwesenheit im Labor oder bei Versuchen notwendig ist. Generell eignet es sich eher bei Forschungs- bzw. Promotionsprojekten, bei denen keine Forschungsapparaturen, komplizierte Versuchsanordnungen und Labore nötig sind.

Eine externe Promotion nimmt neben dem Beruf sehr viel Zeit in Anspruch und ist eigentlich mit einem Beruf zeitlich schwer zu vereinbaren. Das bedeutet, dass die Bearbeitungszeit der Dissertation diszipliniert geplant und eingehalten werden muss. Dazu kommt, dass sich eine externe Promotion über einen langen Zeitraum erstreckt, einfach weil neben der Berufstätigkeit wenig Zeit zur Verfügung steht, bzw. der Wechsel zwischen Promotion und Beruf in der Praxis schwierig zu bewerkstelligen ist. Zusätzlich kommt erschwerend hinzu, dass die Erbringung von promotionsvorbereitenden Leistungen oder anderen promotionsbegleitenden Leistungen oder der Besuch von Kolloquien oftmals mit den beruflichen Arbeitszeiten kollidiert. Auch Besprechungen mit der Promotionsbetreuung sind nur teilweise mit der Arbeitszeit vereinbar, manchmal müssen auch Urlaubstage dafür verwendet werden. Dies bedeutet, dass Sie unbedingt mit Ihrer Arbeitgeberin oder Ihrem Arbeitgeber absprechen sollten, ob und welche Zeiten Sie für Ihre Promotion reservieren können. Am ehesten werden Arbeitgeber*innen sich wahrscheinlich auf temporäre Freistellung einlassen, wenn ihnen deutlich ist, inwiefern sie selbst bzw. die Firma von Ihrer Promotion profitieren werden.

In der Praxis entscheiden sich oft diejenigen für eine berufsbegleitende Promotion, die in ihrem Beruf interessante Forschungsthemen entdecken und diese wissenschaftlich bearbeiten wollen. Manchmal ist es aber auch so, dass in einem befristeten Arbeitsverhältnis eine Promotion begonnen wird, um bessere Ausgangspositionen für die weitere Karriere zu schaffen.

Der große Vorteil der berufsbegleitenden Promotion ist, dass eine finanzielle Sicherung des gesamten Promotionszeitraums gegeben ist und Sie dabei für die Promotionsdauer wahrscheinlich nicht so stark zeitlich eingeschränkt sind wie durch ein Stipendium oder einen Vertrag als wissenschaftliche/r Mitarbeiter*in.

Strategien für eine berufsbegleitende Promotion

Promovierende, die berufsbegleitend promovieren, müssen über ein besonders gutes Zeitmanagement und umfassende Motivationsstrategien verfügen, die es ihnen erlauben, vor oder nach einem anstrengenden Arbeitstag oder an den Wochenenden an ihrer Dissertation oder an der Vorbereitung ihrer Disputation bzw. ihres Rigorosums zu arbeiten. Dazu ist es von Vorteil, Unterstützung aus dem privaten wie dem beruflichen Umfeld zu erhalten.

Durch die Berufstätigkeit kann nur eine begrenzte Zeit für die Arbeit an der Dissertation verwendet werden. Dementsprechend sind die Fortschritte eher klein und es scheint, als käme man nicht voran. Helfen können dann folgende Maßnahmen:

1. Ein Forschungstagebuch oder eine Liste von Tätigkeiten, die man bereits erledigt hat und die es noch zu erledigen gilt, hilft, den Überblick zu behalten.
2. Es ist ebenfalls besonders wichtig, im Hinblick auf das Zeitmanagement und die Planung des Forschungs- und Schreibprozesses strategisch an die Promotion heranzugehen. Hier könnte ein Coaching oder eine selbst initiierte Schreibgruppe helfen.
3. Thematische Überschneidungen schaffen Synergien. Darum sollten sie darauf achten, Synergieeffekte zwischen der Berufstätigkeit und dem Promotionsthema zu schaffen, sodass sich thematische Überschneidungen nutzen lassen.
4. Ebenfalls von Vorteil ist es, durch Networking Kontakt zu anderen Promovierenden zu halten, um so einen Austausch zu haben und Themen der Promotion und Probleme des Promovierens besprechen zu können. Dabei ist es sinnvoll, sich sowohl mit Promovierenden zu

vernetzen, die berufsbegleitend promovieren, als auch mit Promovierenden, die an die Universität angebunden sind. So können Sie sich einerseits über Ihre besondere Situation austauschen, halten aber anderseits den Kontakt zur Hochschule und erfahren dadurch Neuigkeiten, Hinweise auf Literatur oder Tagungen oder andere, interessante Veranstaltungen der Fakultät.

Herausforderungen des berufsbegleitenden Promovierens

Das berufsbegleitende Promovieren scheint für Promovierende zunächst eine bequeme Option zu sein, denn es scheint auf den ersten Blick gut machbar, neben dem Beruf zu promovieren. Und es erscheint sinnvoll und ist zur Optimierung der Karriere sicherlich auch nicht verkehrt.

In der Praxis berichten die Promovierenden aber häufig, dass sie den Aufwand des Promovierens unterschätzt haben. Auch fühlen sich diese Promovierenden im Vergleich mit anderen eher durch die Promotionsbetreuerenden weniger unterstützt, da sie nicht zum klassischen „wissenschaftlichen Nachwuchs“ mit der Karriereoption „Wissenschaft“ gehören.

Die Vereinbarkeit von Beruf und Promotion gestaltet sich im Alltag schwierig. Oft empfinden externe Promovierende sich in zwei sich gegenseitig ausschließenden Welten lebend, in denen jeweils Unverständnis für die andere Welt herrscht: Bei dem Arbeitgeber*innen und Kolleg*innen auf der Arbeit gibt es oft weder Interesse noch Unterstützung für die Promotion. Dazu kommt, dass die Strukturen der Hochschule (noch) nicht auf eine Teilzeit-Promotion oder auf Arbeitszeiten außerhalb der Universität ausgerichtet sind. Das hat zur Folge, dass die Routine des wissenschaftlichen Formulierens und Arbeitens, die während des Studiums und bei einer Tätigkeit als wissenschaftliche Mitarbeitende „on the Job“ erworben werden, von externen Promovierenden viel mühseliger in ihrer Freizeit erworben und routiniert weiterentwickelt werden müssen.

Beruf, Promotion und Partnerschaft/Familie sind während einer Promotion nur unter großen Anstrengungen zu vereinbaren, bei einer Berufstätigkeit außerhalb der Hochschule geht dies kaum. Zwar kann eine zeitweilige Arbeitszeitreduzierung helfen, falls man sich dies finanziell erlauben kann, aber prinzipiell gilt: Wer sich für diesen Weg der Promotion entscheidet, sollte sich klar darüber sein, dass es kaum selbst gestaltbare freie Zeit gibt und die Promotionsphase aufgrund der zeitlichen Einschränkungen eher lang ist.

6 Die strukturierte Promotion

Promotionen finden in Deutschland als Individualpromotion, also zwischen Promotionsbetreuenden und Promovierenden oder im Rahmen von strukturierten Promotionen statt. Mit Individualpromovierenden sind jene Promovierenden gemeint, die ihr Promotionsprojekt allein durchführen und die im Hinblick auf die Promotion bis auf die Promotionsbetreuung kaum unterstützt werden. Mit der strukturierten Promotion ist dagegen eine Promotion im Rahmen eines Promotionsprogramms, also eines Graduierten- bzw. Promotionskollegs oder als Mitglied einer Graduiertenschule gemeint. Die Bezeichnungen „Graduiertenkolleg“ oder „Promotionskolleg“ werden nicht einheitlich verwendet. Zum Beispiel heißen alle DFG-Kollegs Graduiertenkollegs, aber auch andere Kollegs können so genannt sein. Dagegen heißen z.B. die Kollegs der Hans-Böckler-Stiftung Promotionskollegs, auch einzelne Promotionsformate in Fakultäten oder zwischen Lehrstühlen werden als Promotionskollegs bezeichnet. Im Folgenden werden beide Bezeichnungen synonym verwendet.

Dann gibt es noch Graduiertenkollegs, die von den Universitäten und Fachhochschulen kooperativ oder nur von Fachhochschulen angeboten werden. Manche Angebote werden so als Graduiertenprogramm, Graduiertenschule und Graduierteninstitut zusammengefasst.

Ein Promotionskolleg stellt Strukturen in Form eines Programms bereit, das unter anderem die fachliche/thematische Weiterbildung, die Weiterbildung im Bereich der Schlüsselkompetenzen des Promovierens, Angebote zur Karriereentwicklung sowie Beratung und Coaching beinhaltet.

Neben den Kollegs gibt es weitere Promotionsprogramme, die die Universitäten für Promovierende bereitstellen. Hier handelt es sich z.B. um Graduiertenzentren oder ähnliche Programme, deren Angebote Promovierende bei Bedarf oder aber auch erst nach einer Bewerbung nutzen können. Diese Programme können auf Fakultätsebene angesiedelt oder fakultätsübergreifend für alle Promovierenden der Universität zugänglich sein.

6.1 Die Idee der strukturierten Promotion

Ende der 1980er Jahre wurden die ersten Graduiertenkollegs der Deutschen Forschungsgemeinschaft (DFG) gegründet. Vorausgegangen war die Feststellung des Wissenschaftsrates (Wissenschaftsrat 1986 und vgl. auch Wissenschaftsrat 2002), dass Promotionen in Deutschland zu lange dauern, oft nicht beendet werden, die Promovierenden im Vergleich zu Promovierenden anderer Länder älter sind. Außerdem stellten die Bedingungen des Promovierens sich für Promovierende ungünstig dar und sie würden während der Promotion kaum auf eine Berufstätigkeit in und vor allem außerhalb der Universitäten vorbereitet. Auch seien sie zu schlecht ausgestattet, zu wenig vernetzt, nicht ausreichend finanziell abgesichert und nicht optimal durch Promotionsbetreuende betreut.

Als Lösung für diese Probleme bot es sich an, die Promotionsphase für Promovierende stärker zu strukturieren. In Form von Graduiertenkollegs wurde eine Maßnahme entwickelt, Promovierende und Betreuende während des gesamten Promotionsprozesses durchgehend zu unterstützen. Im Einzelnen wurden durch die Strukturierung der Promotionsphase fachliche Weiterbildungsmöglichkeiten, Möglichkeiten zum fachlichen Austausch und zum Erwerb promotionsrelevanter Schlüsselkompetenzen sowie die Gelegenheit, interdisziplinär und international zusammen zu forschen, geschaffen. Und auch die Promotionsbetreuung wurde umstrukturiert. Promotionsbetreuung sollte nun nicht mehr als „Meister*in-Schüler*in-Verhältnis“ konzipiert sein, sondern nun durch ein Team von mehreren Hochschullehrerenden des Graduiertenkollegs gewährleistet werden. Insofern standen den Promovierenden nun auch mehrere Hochschullehrende mit ihrer Expertise und für die Betreuung zur Verfügung.

DFG-Graduiertenkollegs können von Hochschullehrenden mehrerer Hochschulen/Fakultäten – und dabei sowohl national und international – beantragt werden. Sie beziehen sich interdisziplinär und international auf einen Forschungsbereich bzw. Forschungsgegenstand. Nach dem Antragsverfahren und der Bewilligung eines Graduiertenkollegs werden die Auswahlverfahren gestartet, indem die Stipendien ausgeschrieben werden.

Auch in den Begabtenförderwerken, die ja bereits u.a. durch ihre Weiterbildungsprogramme und die Vernetzungsmöglichkeiten Strukturen für Promovierende bereitstellen, wurde die Möglichkeit des Promovierens im Kolleg geschaffen. Beispielsweise bieten die Heinrich-Böll-Stiftung oder die Hans-Böckler-Stiftung auch eine Promotion im Rahmen von Promotionskollegs an.

6.2 Angebote der strukturierten Promotion

Eine Liste der geförderten DFG-Kollegs und Informationen zu strukturierten Promotionsprogrammen, die durch die Deutsche Forschungsgemeinschaft gefördert werden, z.B. Graduiertenkollegs, Graduiertenschulen und Exzellenzclustern finden Sie auf den Seiten der DFG.

Auch die Begabtenförderwerke bieten im Rahmen von Promotionskollegs, thematisch ausgerichtete Promotionskollegs an. Hier lohnt eine Recherche auf den Webseiten der Begabtenförderwerke:

www.stipendiumplus.de

Internationale Programme, an deutschen Hochschulen bieten die Möglichkeit internationaler Vernetzung. Die Promotion findet hauptsächlich in englischer Sprache statt. Informationen finden Sie hier:

www.daad.de/international-programmes

Graduiertenzentren oder andere Promotionsprogramme der Universitäten bieten ebenfalls Unterstützung für Promovierende. Sie finden sich auf den Webseiten der jeweiligen Universitäten. Manche Programme finden sich auch auf den Webseiten der Fakultäten.

Ausschreibungen für Graduierten- und Promotionskollegs finden Sie in der Zeitung „Die Zeit" oder online unter:

www.academics.de

6.3 Vor- und Nachteile und Herausforderungen von Graduierten- bzw. Promotionskollegs

Vorteile von Graduierten- bzw. Promotionskollegs:

- die Finanzierung der Promotion wird meistens im Rahmen von Stipendien gesichert
- häufig werden in Graduiertenprogrammen Arbeitsplätze und Arbeitsmaterialien zur Verfügung gestellt
- das Angebot von Kursen/Workshops und von Möglichkeiten des Networkings unterstützt den Fortschritt der eigenen Promotion
- oft finden sich in Kollegs noch andere Promovierende, die ähnliche Promotionsthemen bearbeiten. Das gibt die Möglichkeit des qualifizierten fachlichen Austausches zum eigenen Thema
- viele Graduierten- bzw. Promotionskollegs finanzieren Auslandsaufenthalte oder den Besuch von Tagungen im In- und Ausland, genauso wie die Veranstaltung eigener Tagungen des Kollegs und die Herausgabe wissenschaftliche Publikationen. Möglich sind auch Druckkostenzuschüsse zur Veröffentlichung der Promotion.

- Kontakte zu Wissenschaftler*innen können in Graduierten- bzw. Promotionskollegs besser geknüpft werden. Nicht nur der Kontakt zu den Hochschullehrerenden des Kollegs fällt leichter, sondern auch der zu externen/internationalen Wissenschaftler*innen, wenn diese beispielsweise als Expert*innen für einen Vortrag/Workshop im Kolleg oder für eine Tagung eingeladen werden
- manche Kollegs bieten auch die Möglichkeit der Unterstützung in der Post-Doc-Phase durch eine Anschlussförderung an
- promovieren in Gesellschaft fördert bei vielen Promovierenden die Motivation und das Durchhaltevermögen. Zudem bietet es den Zugang zu promotionsrelevanten und wissenschaftlichen Netzwerken und Informationen

Nachteile der strukturierten Promotion

- in Kollegs promovieren viele Menschen zu ähnlichen bzw. zu verwandten Themen. Das bringt nicht nur Austausch mit sich, sondern auch Konkurrenz. Das ist nicht immer hilfreich für die alle Promotionsprozesse
- durch Kommunikations- und Weiterbildungsangebote im Kolleg besteht die Gefahr, dass Promovierende sich verzetteln und von der eigentlichen Arbeit an der Promotion abgelenkt werden
- dass die Teilnahme an manchen Angeboten verpflichtend ist, kann dann nachteilig sein, wenn diese Angebote nicht dem eigenen Promotionsprozess oder dem Promotionsziel dienen
- nicht immer passen alle Promotionsthemen der Kollegiat*innen zusammen. Manche Promovierende stehen in ihrem Kolleg auch alleine da und fühlen sich kritisiert

Herausforderungen der Graduierten- und Promotionskollegs

Nur einem Teil der Promovierenden in Deutschland bietet sich die Möglichkeit, an Graduierten- oder Promotionskollegs teilzunehmen (Zahlen dazu finden Sie im BuWiN 2008, 2013 und 2017).

Dass Promovierende in Kollegs besser oder schneller promovieren, lässt sich nicht ohne Weiteres belegen (vgl. Kottmann/Enders 2011). Auch der durch die Einführung von Kollegs intendierte positive Effekt einer gemeinsamen Promotionsbetreuung ist in der Praxis für viele Promovierende kaum spürbar. Dies liegt zum einen daran, dass mit den Promotionsordnungen immer noch die Fakultäten die Formalitäten der Promotion und die Begutachtungsstruktur mit Erst- und Zweitbetreuung bestimmen. Dies führt dazu, dass Promovierende in Kollegs zwar durch ein Team betreut werden, sich in der Praxis aber auf der Grundlage der Richtlinien der Promotionsordnung immer noch nur der Promotionsbetreuung orientieren müssen, die die Promotionsnote vergibt.

Eine andere Erfahrung der Praxis zeigt, dass eine interdisziplinär ausgerichtete Betreuung für Promovierende auch Nachteile haben kann, nämlich dann, wenn die Promotionsbetreuung selbst keine Erfahrung mit interdisziplinärem Arbeiten hat, und/oder nicht bereit ist, die Bedeutung von Interdisziplinarität im Promotionsprozess zu reflektieren. Das kann dazu führen, dass Promovierende das Problem haben, dass letztlich keine/keiner der beiden Promotionsbetreuenden zufrieden ist und sich das dann zum Leidwesen der Promovierenden in der Note widerspiegelt.

Darüber hinaus wird die Betreuung, diese Erfahrung machen Kollegiat*innen ebenfalls, anders als es eigentlich in Kollegs vorgesehen ist, von mehreren Hochschullehrerenden übernommen, sondern es setzt sich auch hier das eigentlich kritisierte, von Abhängigkeit geprägte „Meister*in-Schüler*in-Verhältnis“ fort.

Ein weiterer Kritikpunkt aus der Praxis der Promovierenden ist, dass Graduierten- bzw. Promotionskollegs ihre Angebote an Promovierende eher auf eine Karriere in der Wissenschaft (z.B. auf die Karriereperspektive „Hochschulprofessur“) ausrichten und andere Karrierewege nicht oder nur unzureichend berücksichtigen. Die Berücksichtigung alternativer Karrierewege durch Weiterbildungsangebote und Beratung gerät erst langsam in den Blick der Kollegverantwortlichen.

Es gibt Personen, die trotz des thematischen Bezugs zum Kolleg nicht die „Schule“ der Hochschullehrer*innen bedienen oder sich aufgrund ihres Themas nicht zum Kolleg passend fühlen. In einzelnen Fällen haben Promovierende große Schwierigkeiten, ihr Thema im Kolloquium vorzustellen und für ihren Promotionsfortschritt förderlich beraten zu werden.

6.4 Wichtige Tipps zur Bewerbung auf Promotionskollegs

Bei der Bewerbung auf eine Promotionsmöglichkeit in einem Kolleg sollten Sie einige Tipps beachten:

- bewerben Sie sich nur auf Kollegs, die fachlich mit Ihrem Promotionsthema übereinstimmen
- bedenken Sie, dass die Aufnahme in ein Kolleg einen Umzug in eine andere Stadt bedeuten kann
- prüfen Sie, welche Kollegs es in Ihrem Themenbereich gibt und informieren Sie sich, ob und wann eine weitere Kollegphase eingeleitet wird

- recherchieren Sie, wer von den Professor*innen des Kollegs Ihre Promotionsbetreuung übernehmen würde und überlegen Sie, ob diese Betreuung eine Option für Sie ist
- informieren Sie sich darüber, welche Angebote die Universität außerhalb von Kollegs für Promovierende bereitstellt und wie Sie sich dazu anmelden können
- Kollegs verpflichten zur Beteiligung an Weiterbildungen, Networking, an der Selbstorganisation des Kollegs, an Tagungsvorbereitungen und an Herausgeberschaft einer Publikation etc. Halten Sie die Balance zwischen den Aufgaben, die u.U. für Ihre wissenschaftliche oder nicht-wissenschaftliche Karriereplanung vorteilhaft sind. Achten sie darauf, nicht zu viel zu machen, denn Ihr Promotionsprojekt bringt auch einige Herausforderungen mit sich und die wollen mit Ihren vorhandenen Ressourcen bewältigt werden.

FAQs zur strukturierten Promotion

Wie plane ich die Promotion in einem Kolleg?

Lange im Voraus kann man eine Promotion im Kolleg nicht planen, denn man erfährt als Außenstehende*r normalerweise erst bei der Ausschreibung in der Zeitung oder im Internet von dem Kolleg. Ab da läuft die Bewerbungszeit, die dann meist sechs bis acht Wochen beträgt. Möglicherweise können sie über geplante Kollegs auch von Ihren Professor*innen erfahren, die vielleicht schon durch ihre Netzwerke informiert sind.

Wie finde ich ein Graduierten- bzw. Promotionskolleg?

Eine Übersicht über Promotionskollegs gibt es auf der Webseite der Deutschen Forschungsgemeinschaft. Auf den Webseiten der Begabtenförderwerke lassen sich ebenfalls Informationen über Promotionskollegs finden. Es lohnt sich möglicherweise auch, die Social-Media-Kanäle der Stiftungen zu durchforsten, beispielsweise gibt es auch über X (früher Twitter) eine Menge an Informationen. Kollegs werden regelmäßig in der „Zeit“ bzw. unter www.academics.de ausgeschrieben.

Wie bewerbe ich mich auf ein Graduierten- bzw. Promotionskolleg?

Die gewünschten Inhalte/Promotionsthemen und die Bewerbungsmodalitäten werden in den Ausschreibungen erklärt. Immer wird ein Exposé zum Promotionsthema verlangt. Die geforderten Formalitäten sollten bei einer Bewerbung immer eingehalten werden.

Kann ich mich noch bewerben, wenn ein für mich interessantes Programm bereits läuft?

Das erfährt man i.d.R. bei der Koordination des Programms bzw. den Sprecher*innen des Programms. Diese Ansprechpersonen lassen sich über die Webseiten der Programme finden. Oft gibt es bei den Programmen eine zweite Förderphase. Man sollte also herausfinden, ob und wann es eine zweite Förderphase geben wird und wann diese ausgeschrieben wird. Möglicherweise bietet es sich an, in der Zwischenzeit an der Bewerbung bzw. einem Exposé zu arbeiten.

Für welche Promovierenden sind Promotionskollegs von Vorteil?

Promotionskollegs verpflichten zur Teilnahme und haben teilweise Residenzpflicht. Dafür bieten die meisten ein Stipendium, einen Arbeitsplatz und Kurse/Workshops an. Darum eigenen sie sich für Promovierende, die in Vollzeit promovieren möchten. Bisher sind noch viele Graduiertenprogramme auf eine Karriere in der Wissenschaft ausgerichtet. Wenn dies so ist, sollte Ihre Bewerbung auf die Teilnahme an einem Promotionskolleg auch von den Zielen/Karrieremöglichkeiten bzw. von der Ausrichtung des Kollegs abhängen.

Ich habe von einem Promotionskolleg erfahren, das thematisch zu meiner Promotion passt. Wie kann ich dort teilnehmen?

Wenn Sie bereits promovieren und Sie sich nicht mehr bewerben können oder wollen, könnten Sie für sich überlegen, welche Art der Kooperation bzw. des Austausches für Sie sinnvoll wäre. Sie könnten schauen, ob es im Kolleg öffentliche Vortragstermine oder eine Tagung gibt und dann auf Nachfrage vielleicht daran teilnehmen. Oder Sie nehmen mit der Koordination des Kollegs Kontakt auf und fragen, ob es eine Möglichkeit gibt, assoziiert, also quasi unbezahlt/ohne Stipendium, an den Veranstaltungen des Kollegs teilzunehmen oder dort mal über das eigene Thema zu berichten. Möglicherweise ergeben sich bei einem Gespräch auch noch andere Optionen.

Ich habe schon eine/n Promotionsbetreuer*in. Kann diese/dieser mich weiterbetreuen, wenn ich mich auf ein Kolleg bewerbe?

Generell sind die Hochschullehrer*innen des Kollegs auch die Promotionsbetreuenden. Möglicherweise besteht vielleicht die Möglichkeit einer externen Zweitbetreuung. Hier hilft es, sich im Vorfeld bei der Koordination des Kollegs bzw. der oder dem Sprecher*in des Kollegs zu erkundigen.

6.5 Strukturierte Programme für Promovierende außerhalb von Kollegstrukturen

Neben den vergleichsweise stark strukturierten Promotionsformaten gibt es häufig noch andere Promotionsprogramme, die weniger verpflichtend sind, die allerdings meist auch keine finanzielle Förderung im Rahmen von Stipendien bereitstellen.

Diese Programme finden sich an fast allen Universitäten. Sie sind auf Lehrstuhlebene, Institutsebene, Fakultätsebene oder auf Universitätsebene angesiedelt. Sie können jedoch auch fakultäts- oder universitätsübergreifend oder als Kooperation zwischen Universitäten und Fachhochschulen konzipiert sein. Sie richten sich entweder an alle Promovierenden oder einzelne Zielgruppen z.B. Fachdisziplinen der Universität bzw. in der Fakultät, beispielsweise externe Promovierende oder z.B. für Frauen.

Die Graduiertenprogramme bieten ein großes Spektrum an Unterstützungsleistungen für Promovierende, die an Workshops teilnehmen können oder von Beratung, Coaching und Mentoring profitieren. Zusätzlich ermöglichen sie Networking und den Austausch zwischen Promovierenden.

Einige Programme koordinieren fakultätsübergreifend Angebote für Promovierende, die dann fachspezifisch und auf den Bedarf der Promovierenden der jeweiligen Disziplin zugeschnitten sind. Manchmal richten sich Veranstaltungen universitätsweiter Programme auch an bestimmte Fachdisziplinen oder an alle Promovierenden.

Einige Tipps helfen bei der Entscheidung und Umsetzung der Promotion in einem strukturierten Format:

- Promotionsstrukturen bieten viele Vorteile für die Promotion. Der Nutzen für das eigene Promotionsprojekt sollte geprüft werden, denn es kommt auf die Balance zwischen Unterstützung und Verpflichtung an.
- recherchieren Sie, welche Angebote die Universität/Fachhochschule für Promovierende bereitstellt. Prüfen Sie, ob es Mailinglisten gibt, und tragen Sie sich dort ein.
- manche Angebote sind schnell ausgebucht, behalten Sie deshalb unbedingt Programmankündigungen und Anmeldetermine im Auge.
- einige Angebote richten sich eher an Promovierende in den Natur- und Ingenieurwissenschaften, andere an Kultur-, Sozial- und Geisteswissenschaften. Achten sie darauf, dass Sie Angebote auswählen, die für Ihre Fachdisziplin und Ihr Vorankommen geeignet sind.
- melden Sie bei der Koordination der Promotionsprogramme den Bedarf nach besonderen Themen an. Denn oft werden die Angebote nachfrageorientiert gestaltet und es besteht die Möglichkeit, Unterstützung zu besonderen Themen zu bekommen.

- auch hier gilt: Verzetteln Sie sich nicht und sorgen Sie dafür, dass die Arbeit an Ihrer Dissertation nicht zu kurz kommt.

7 Karriereplanung und der Erwerb notwendiger Schlüsselkompetenzen

Mit der Promotion sind in der Regel Karrierewünsche oder bestimmte Berufsziele verbunden. Dabei kann eine Promotion wichtige Türen öffnen, denn mit einem Doktortitel erfüllen Sie die formalen Voraussetzungen für eine Juniorprofessur und ggf. für eine Universitäts- oder Fachhochschulprofessur.

> Spätestens, wenn Sie sich für eine Promotion entscheiden und diese beginnen, sollten Sie sich mit Ihren beruflichen Zielen und Perspektiven nach der Promotion beschäftigen und sich während der Promotionsphase zielgerichtet weiterbilden.

Promovierende können nicht davon ausgehen, dass Ihnen nach der Promotion eine wissenschaftliche Laufbahn sicher ist – dazu werden im Verhältnis zu den abgeschlossenen Promotionsverfahren zu wenige zu besetzende Professuren erwartet (BuWiN 2013). Darum ist es sinnvoll, bereits während der Promotion unterschiedliche Modelle der eigenen Karriereoptionen zu entwickeln und vorzubereiten.

> Auch bzw. gerade dann, wenn Sie eine Karriere als Professor*in an der Hochschule anstreben, sollten Sie einen Plan B entwickeln und sich während der Promotion auf Alternativen vorbereiten. Das bedeutet, dass Sie die eigene Weiterbildung in mehrere Richtungen planen müssen.

Sollten Sie sich für eine Karriere an der Hochschule entschieden haben, orientieren sie sich an dem Tätigkeitsfeld Ihres Wunschberufs: auf einer Professur lehren, forschen, publizieren, beraten und führen Sie. Außerdem werben sie Drittmittel ein, planen und führen Tagungen durch, kommunizieren international und ggf. auch interdisziplinär. Für die Planung einer wissenschaftlichen Karriere bedeutet dies, dass es sinnvoll ist, sich bereits während der Promotion auf diese Tätigkeiten vorzubereiten und entweder in der Praxis oder auch in Weiterbildungen Lehr-, Präsentations- und Publikationskompetenzen zu erwerben und ggf. zertifizieren zu lassen. Auch der Besuch von Veranstaltungen zur Drittmittelakquise oder zum Erwerb interkultureller Kompetenzen (z.B. Sprachkompetenzen) bietet sich an.

Weitere Kompetenzen, die Sie rechtzeitig erwerben sollten, beziehen sich eher auf Anforderungen, die sich Wissenschaftler*innen in ihrem Berufsalltag stellen. Sie werden sowohl im Wissenschaftssystem als auch außerhalb des

Wissenschaftssystems benötigt. Dazu gehören Personalführung, Beratung, unternehmerisches Handeln, Konfliktmanagement.

> Schauen Sie, welche Weiterbildungsangebote zur Organisationsentwicklung, zur akademischen Personalentwicklung und zur hochschuldidaktischen Qualifizierung es an Ihrer Hochschule gibt. Auch Angebote und Programme für den wissenschaftlichen Nachwuchs beinhalten oftmals Weiterbildungen. Besuchen Sie ausgewählte Veranstaltungen und lassen Sie sich die Teilnahme bescheinigen.

Neben der Erfüllung der formalen Voraussetzungen für eine Karriere in der Wissenschaft erwerben Sie jedoch auch andere Kompetenzen, die Ihnen in Ihrer weiteren beruflichen Laufbahn sicherlich nützlich sein werden. Denn während der Promotion erwerben Sie durch die Bearbeitung der Dissertation Schlüsselkompetenzen: Sie setzen sich inhaltlich mit Fachinhalten auseinander, nutzen Theorien und erwerben Methodenkompetenzen, indem Sie forschen. Sie lernen, sich in einem langen Forschungs- und Schreibprojekt selbst zu organisieren, zu vermitteln, zu präsentieren und wissenschaftlich zu kommunizieren.

> Überlegen Sie, welches berufliche Ziel Sie nach der Promotion anstreben und bereiten Sie sich darauf in der Promotionsphase vor. Schauen Sie, was es an Angeboten auch außerhalb der Hochschulen gibt. Vielleicht gibt es für Sie auch die Möglichkeit, ein Praktikum zu absolvieren.

Allerdings kann es auch sein, dass Sie gar keine wissenschaftliche Karriere anstreben oder aber noch nicht entschieden ist, was Sie nach der Promotion machen möchten. Aber auch dann ist es sinnvoll, die Promotionsphase zum Ausbau zukunftsfähiger Kompetenzen zu nutzen, sofern Ihre zeitlichen Kapazitäten das zulassen.

Hier sollten Sie während Ihrer Promotionsphase unbedingt schauen, wo Sie später arbeiten möchten. Dazu sollten Sie herausfinden, welche Kompetenzen dort verlangt werden und sich in diese Richtung weiterbilden. Unter Umständen bieten Hochschulen auch Veranstaltungen zur Karriereentwicklung des wissenschaftlichen Nachwuchses an. Recherchieren Sie dazu in den Weiterbildungs- bzw. Schlüsselkompetenzprogrammen der Universitäten und Fachhochschulen. Abhängig von Ihren zeitlichen und finanziellen Rahmenbedingungen besteht vielleicht die Möglichkeit, ein Praktikum in einem Unternehmen oder einer anderen Organisation zu absolvieren. Je nach Förderorganisation kann es sogar möglich sein, ein Stipendium für ein Praktikum zu unterbrechen. Hierzu sollten Sie sich bei dem Stipendiengeber informieren.

Teil 2

Das Exposé

8 Grundlegendes zum Exposé

Der zweite Teil des Buches wurde auf der Grundlage zahlreicher Promotionsexposés und verschiedener Workshops mit Promovierenden und Studierenden verfasst. Er enthält Anregungen und Strategien, die es ermöglichen sollen, in kurzer Zeit ein gutes Exposé zu erstellen. Da es keine allgemeingültigen Regeln für Exposés gibt, können diese Anregungen nur eine Hilfestellung sein, um genau das Exposé zu schreiben, das zu Ihnen und Ihrem Promotionsvorhaben passt.

Bevor Sie ein Exposé planen, sollten Sie sich Gedanken darüber machen, warum Sie ein Exposé schreiben wollen, um Ihre Motivation zu klären. Exposés werden meist nicht geschrieben, weil es eine gute Idee ist, ein Promotionsprojekt zu planen, sondern weil ein Exposé verlangt wird.

Exposés werden in der Regel verfasst, weil Promotionsordnungen ein Exposé vorschreiben, weil Betreuer* sich über das Exposé einen Überblick über das Promotionsvorhaben verschaffen wollen oder weil ein Exposé im Rahmen eines Bewerbungsverfahrens bei Stipendiengebern oder Graduiertenprogrammen verlangt wird.

Im Folgenden werden Sie erfahren:

- wer welche Erwartungen an ein Promotionsexposé hat
- welche Vorteile ein Promotionsexposé bietet
- wie ein Exposé als Projektplan entwickelt und genutzt wird
- welche Elemente ein Exposé enthält
- in welcher Reihenfolge die einzelnen Elemente angeordnet werden können bzw. sollten, also wie ein Exposé aufgebaut wird
- welche Techniken Ihnen bei der Erstellung eines Exposés helfen können.

8.1 Was genau ist ein Promotionsexposé und wozu ist es nötig?

Kaum eine Promotion in den Geistes-, Kultur- und Sozialwissenschaften wird ohne Exposé begonnen, und auch für die Natur- und Ingenieurwissenschaften ist ein Promotionsexposé oft der Grundstein für eine Promotion.

Ein Exposé soll deutlich machen, was, wann und wie im Rahmen des Promotionsvorhabens bearbeitet wird. Das bedeutet, dass möglichst viele Informationen über das eigene Forschungsvorhaben sehr komprimiert transportiert werden müssen, da die Seitenzahl eines Exposés häufig durch eine maximale Seitenzahl, meist zwischen 10 und 20 Seiten, vorgegeben ist.

Ein Exposé bildet die Grundlage eines Promotionsverfahrens. Hier muss die Relevanz der geplanten Forschung klar herausgearbeitet werden. Auch der Ablauf des gesamten Forschungsprozesses sollte im Voraus festgelegt werden. Dabei können Sie auch auf zu erwartende Hindernisse im Forschungsprozess eingehen, wenn Sie aufzeigen, wie Sie konstruktiv damit umgehen werden.

Ein Exposé ist ein Plan für die Dissertation. Es stellt den Inhalt, die Struktur und den Arbeitsablauf des Promotionsvorhabens dar. Das Exposé enthält – ähnlich einem Projektantrag für ein Forschungsprojekt – einen Forschungsanlass, eine Forschungsfrage und die zur Beantwortung der Forschungsfrage notwendigen Forschungsmethoden sowie einen Arbeits- und Zeitplan.

Die Konzeption dieses ersten größeren eigenen Forschungsprojektes gestaltet sich mitunter schwierig, da es einerseits meist keine verbindlichen Anforderungen an ein Exposé gibt und es andererseits sehr schwierig ist, etwas im Voraus zu planen und zu gestalten, was man noch nie gemacht hat. Daher ist das Exposé sowohl die Vorbereitungs- als auch die Anfangsphase der Promotion.

Neben den fachlichen Themen vermittelt ein Exposé implizit, dass Sie in der Lage sind,

- ein wissenschaftlich interessantes und relevantes Thema,
- nach fachlichen und wissenschaftlichen Standards,
- in der geforderten Qualität,
- in angemessenem Umfang,
- in der zur Verfügung stehenden Zeit und
- mit den geeigneten Mitteln (z.B. Methoden und Theorien) zu bearbeiten.

Ein Exposé umfasst somit sowohl die Planung der eigenen Forschung und des Schreibprozesses der Dissertation als auch die Darlegung und Begründung des wissenschaftlichen Erkenntnisinteresses.

Mit einem Exposé definieren Sie die Ziele, die Sie mit Ihrer Dissertation erreichen wollen. Beim Verfassen des Exposés müssen Sie also konkret und präzise über Ihr Vorhaben nachdenken und die Arbeitsschritte für und an der Dissertation planen.

Während der Arbeit am Exposé zeigt sich auch, ob und unter welchen Bedingungen Ihr geplantes Projekt durchführbar ist. Dies ist für Sie hilfreich, da inhaltliche, methodische oder zeitliche Probleme bereits vor der eigentlichen Promotionsphase erkannt und bewältigt werden können und Sie somit weniger Zeit und Nerven im ohnehin arbeitsintensiven Promotionsprozess verlieren.

Exposés unterscheiden sich in der Regel in Aufbau, Inhalt und Umfang, je nachdem, welches Ziel die Promovierenden mit dem Exposé verfolgen. Die Gestaltung hängt auch davon ab, ob ein Exposé für die Bewerbung um ein Stipendium, um einen Platz in einer Graduiertenschule oder einem Graduiertenkolleg oder zunächst für die Suche nach einer Promotionsbetreuung verwendet werden soll.

Es ist wichtig, vor der Erstellung des Exposés zu klären, wer konkret dieses Exposé lesen und bewerten wird und welchen Zweck bzw. welche Aufgabe das Exposé erfüllen soll. Nur so können Umfang, Inhalt und Struktur des Exposés gezielt auf die jeweiligen spezifischen Anforderungen abgestimmt werden.

Gerade weil es so viele Möglichkeiten gibt, das eigene Exposé zu gestalten, und weil es keine einheitliche, allgemeine Konvention oder DIN-Norm für Inhalt und Aufbau gibt, kann es hilfreich sein, sich vor Beginn der Arbeit an einem Exposé einige Gedanken über folgende Punkte zu machen:

1. Was will ich mit dem Exposé erreichen? Welche Absicht verfolge ich mit dem Exposé, z.B. die Suche nach einer Promotionsbetreuung oder die Bewerbung um ein Stipendium?
2. Wen muss/will ich mit dem Exposé überzeugen? Ist es die Promotionsbetreuung, mit der ich ohnehin im Gespräch bin, oder ist es ein Auswahlgremium, das beurteilen soll, ob mein Promotionsvorhaben in die Ausrichtung der fördernden Stiftung passt.
3. Gibt es eine vorgegebene Struktur und wenn ja, welche? Muss ich mich an eine bestimmte Struktur halten, ist es ein Nachteil, wenn ich mich nicht an diese Struktur halte, oder kann ich selbst entscheiden, welche Struktur für mein Promotionsvorhaben die richtige ist.

1. Ziele und Absicht des eigenen Exposés

Das Ziel eines Exposés kann nicht nur sein, andere von der eigenen Promotionsidee zu überzeugen, sondern auch nachzuweisen, dass der/die Verfasser*in in der Lage ist, ein Promotionsvorhaben erfolgreich durchzuführen. Ein Exposé für ein Stipendium zielt möglicherweise darauf ab, ein Gremium zu überzeugen. Ein Exposé für die Anmeldung zur Promotion an der Fakultät dient dagegen möglicherweise nur der Information des Promotionsausschusses, der prüft, ob das Thema fachlich in die jeweilige Fakultät passt. Ein Exposé kann eine reine Formalität sein, es kann aber auch sein, dass ein Exposé im Promotionsausschuss diskutiert und geprüft wird. Das sollten Sie herausfinden, bevor Sie das Exposé konzipieren.

2. Promotionsbetreuende und Stipendiengebende mit dem Exposé überzeugen

Meistens ist es für das Gelingen eines Schreibprozesses hilfreich, die Adressat*innen des Schreibprojektes zu kennen oder sich diese zumindest während des Schreibens vorzustellen. Dies hilft, sich beim Schreiben an der Zielgruppe zu orientieren, da es dann leichter fällt, das Exposé so zu verfassen, dass es für die jeweilige Zielgruppe aussagekräftig ist.

Exposés werden bei der Bewerbung um Stipendien, für die Aufnahme in Graduiertenkollegs und -schulen sowie für die Zulassung zur Promotion benötigt. In manchen Fällen sind Exposés auch bei der Bewerbung auf eine Stelle als wissenschaftliche Mitarbeiter*in relevant. Daraus ergibt sich, dass ein Exposé mehrere – und in ihren Erwartungen an den Inhalt unterschiedliche – Leser*innen haben kann. Zwar besteht die Zielgruppe in erster Linie aus Wissenschaftler*innen, dennoch haben auch diese unterschiedliche Ansprüche an ein Exposé:

- Professor*innen, auch in ihrer Funktion als Angehörige eines Promotionsausschusses,
- Wissenschaftler*innen aus den jeweiligen Stiftungen, bei denen sich die Antragsteller*innen bewerben,
- Hochschullehrer*innen in Graduiertenschulen und -kollegs sowie
- Wissenschaftler*innen, die das Exposé im Rahmen einer Stellenbewerbung verlangen,
- Auswahlausschussmitglieder von Begabtenförderwerken, die zum Teil aus der Wissenschaft kommen können, aber auch mit einem anderen Blick, z.B. dem der Passgenauigkeit des Themas zur Stiftung auf die Exposés schauen. Die Ausschüsse sind meist heterogen zusammengesetzt, die Mitglieder gehören je nach Stiftung z.B. einer Gewerkschaft, Partei, oder Kirche an.

Mehrere dieser unterschiedlichen Leser*innen gleichzeitig zu überzeugen, ist eine Herausforderung an die Gestaltung und Formulierung des Exposés. Mit einem Text sowohl Expert*innen als auch Personen mit anderen Forschungsschwerpunkten oder Nicht-Wissenschaftler*innen bzw. Fachfremde zu überzeugen, erfordert einen Text, der alle erforderlichen Verständnisebenen abdeckt: Er muss sowohl den wissenschaftlichen und sprachlichen Anforderungen der Fachkultur genügen als auch so verständlich sein, dass er von Fachfremden nachvollzogen werden kann.

Für das Verfassen eines Exposés ist es daher wichtig zu recherchieren, wie sich der Kreis der Gutachter*innen zusammensetzt. Gerade für eine

Bewerbung oder einen Stipendienantrag sollte genau abgeklärt werden, wer das Exposé ggf. mit welchem Interesse begutachten wird.

Recherchieren Sie so weit wie möglich, wer Ihre Zielgruppe ist. Bei einem Exposé für die eigene Promotionsbetreuung und den Promotionsausschuss ist dies relativ schnell klar. Bei einem Exposé, mit dem Sie sich um ein Stipendium bewerben, kann es jedoch sinnvoll sein, genau zu recherchieren, wer Ihr Exposé begutachten wird. Vielleicht bekommen Sie heraus, wer die Vertrauensdozent*innen der jeweiligen Stiftung sind und welche Forschungsschwerpunkte diese haben.

Sie können auch recherchieren, ob und welche Richtlinien es für die Begutachtung von Exposés gibt. In einigen Fällen sind die Kriterien auf den Webseiten der Begabtenförderwerke veröffentlicht. Meist sind dies z.B. Fragen nach der Relevanz eines Themas und danach, wie sorgfältig und differenziert ein Thema von der Bewerberin oder dem Bewerber bearbeitet wird. Außerdem wird geprüft, welche relevanten und spannenden Forschungsergebnisse erwartet werden und wie realistisch der vorgelegte Zeitplan ist.

3. Die Struktur und die formalen Vorgaben an ein Exposé

Ob und welche Vorgaben Sie beim Verfassen des Exposés beachten müssen, erfahren Sie dort, wo das Exposé verlangt wird. In Ausschreibungen von Graduiertenkollegs oder in Bewerbungsverfahren von Stiftungen oder Begabtenförderungswerken wird häufig die Einhaltung einer vorgegebenen Exposé-Gliederung verlangt. Eine solche Gliederung enthält z.B. die Punkte Forschungsstand, Fragestellung, Methode und Hypothesen.

Ebenso wird eine formale Struktur verlangt. Es kann sein, dass auch die Betreuenden, Lehrstühle, Institute oder Fakultäten bestimmte Vorstellungen von Inhalt und Aufbau eines Dissertationsexposés haben.

Informieren Sie sich, welche formalen Vorgaben Sie beim Verfassen des Exposés berücksichtigen müssen. Auf den Homepages der Begabtenförderungswerke, Stiftungen und Fakultäten bzw. Promotionsausschüsse finden Sie dazu Hinweise. Sollten Sie dort nicht fündig werden, wenden Sie sich nach eigener Recherche an die jeweiligen Betreuungspersonen, Promotionsprogramme, Stiftungen und Begabtenförderungswerke bzw. Promotionsausschüsse. Falls es keine formalen Vorgaben gibt, machen Sie einen inhaltlichen Vorschlag.

Machen Sie für sich selbst schon bevor Sie mit der Arbeit am Exposé beginnen einen Zeitplan für die Konzeption und die Verschriftlichung Ihres Exposés. Dieser zeitliche Rahmen für die Erstellung des Exposés und die Aufteilung des gesamten Prozesses in Teilaufgaben (Meilensteine) unterstützt den Schreibprozess und die Planung der Vorbereitungsphase. Bestimmen Sie, in Absprache mit der zukünftigen Promotionsbetreuung oder auf der Basis der Vorgaben von Stiftungen etc., welche inhaltlichen Bestandteile Ihr Exposé haben sollte und überlegen Sie sich einen realistischen Zeitplan.

Wofür wird das Exposé gebraucht?

Formal nötig wird ein Exposé in vielen Fällen dazu, vom Promotionsausschuss zur Promotion zugelassen zu werden, denn viele Promotionsordnungen schreiben ein Exposé vor. Aber auch zur Vorstellung des Promotionsprojekts bei einer möglichen Promotionsbetreuung oder in einem Promotionskolleg ist ein Exposé von Vorteil, wenn auch nicht unbedingt eine Voraussetzung.

Ein Exposé zu schreiben bedeutet, nicht nur für andere, z. B. für den Promotionsausschuss oder eine Stipendienbewerbung, sondern auch für sich selbst einen Plan für die gesamte Promotionsphase zu machen.

Ein Exposé hat noch einen weiteren, wichtigen Vorteil: Es schafft eine Basis für die Zusammenarbeit zwischen Promovierenden und Betreuenden, denn ein Exposé gibt einen verbindlichen Überblick über das Thema, die Fragestellung, die verwendete Theorie, die verwendete Literatur bzw. die verwendeten Materialien und die Mess- oder Forschungsmethode. Dass sich sowohl die Promovierenden als auch die Betreuenden schon vor dem eigentlichen Promotionsbeginn auf die Inhalte und Abläufe geeinigt haben, schützt zwar nicht immer vor Überraschungen und auch nicht vor Umwegen, aber es ist ein guter Schritt dahin. Vor allem ist klar, um was es geht und mit welchen Arbeitsschritten was, wann und wie erarbeitet werden wird.

Falls nicht bereits vor Beginn der Promotion geschehen, kann es in vielen Fällen sogar sinnvoll sein, das Exposé auch noch nach dem Beginn einer Dissertation zu schreiben, etwa um sich klar(er) über die Inhalte zu werden, wenn vorher keine Forschungsmethode ausgewählt wurde, oder um mit der Promotionsbetreuung Ziele zu vereinbaren.

Ein Exposé ist nicht nur ein lästiges Übel, sondern eine gute Idee, um sich einen Überblick zu verschaffen und den eigenen Promotionsprozess zu planen.

Welche Funktionen erfüllt ein Exposé?

Das Exposé erfüllt folgende Funktionen:

1. Planung der Promotion im Voraus
2. Gewinnen und Überzeugen der Promotionsbetreuung
3. Gewissheit über die Aufgabe
4. Vereinbarung der Inhalte
5. Unterstützung des Zeit- und Selbstmanagements

1. Planung der Promotion im Voraus

Das Verfassen einer Dissertation bedeutet eine sehr komplexe Forschungsarbeit, die mit einer langen Bearbeitungszeit verbunden ist. Diese lange Bearbeitungszeit führt auch dazu, dass der Promotionsprozess zerfasert und unübersichtlich wird. Ein Exposé hilft, den Überblick zu behalten. Vor allem die Notwendigkeit, das Thema im Vorfeld zu definieren und einzugrenzen, die Fragestellung zu konkretisieren und das methodische Vorgehen zu wählen, führt zu einer vorausschauenden Planung und erleichtert später die Durchführung der Promotion. Auch die Machbarkeit des Gesamtprojektes kann im Vorfeld geprüft werden und schützt vor späteren Überraschungen. Die vorausschauende Planung macht das mehrjährige Promotionsvorhaben nicht nur überschaubar, sondern führt auch dazu, dass es bereits im Vorfeld so geplant und zugeschnitten werden kann, dass es in der zur Verfügung stehenden Zeit und unter den gegebenen Rahmenbedingungen gut zu bewältigen ist!

2. Gewinnen und Überzeugen der Promotionsbetreuung

Ein Exposé kann auch zur Auswahl potenzieller Betreuer*innen dienen, da es inhaltlich aufzeigt, welche Expertise für eine Betreuung genau benötigt wird. In einem weiteren Schritt kann es dazu dienen, das eigene Promotionsvorhaben vorzustellen und potenzielle Betreuende von dem Vorhaben zu überzeugen. Darüber hinaus kann auf Basis des Exposés diskutiert werden, wie das Thema ggf. weiterentwickelt werden könnte.

3. Gewissheit über die Aufgabe

Bei der Vorplanung im Rahmen eines Exposés müssen alle einzelnen Aufgaben und Arbeitsschritte möglichst genau festgelegt werden. Dies betrifft sowohl die Inhalte als auch die dafür einzuplanenden Zeiträume.

4. Vereinbarungen der Inhalte

Mit dem Exposé werden Inhalt, Ziel und Ablauf der Dissertation zwischen Betreuenden und Promovierenden vereinbart. Dies betrifft auch theoretische Bezüge, Forschungsmethoden und forschungsleitende Fragestellungen sowie mögliche Hypothesen. Dies ist sehr hilfreich bei Unsicherheiten der Promovierenden, die in der Promotionsphase häufig auftreten. Vor allem wird die Richtung des Forschungsvorhabens im Vorfeld gemeinsam festgelegt und vereinbart. Damit ist gewährleistet, dass die zu bewältigenden Aufgaben planbar und überschaubar bleiben und nicht gravierende Änderungswünsche der Betreuungsperson, z.B. im Rahmen neuer Arbeitsaufträge, das Promotionsvorhaben in die Länge ziehen.

5. Unterstützung des Zeit- und Selbstmanagements

Ein Exposé hilft, den Zeitaufwand für die Dissertation im Voraus zu planen und den eigenen Fortschritt im Promotionsprozess zu überprüfen. Abweichungen von geplanten Inhalten und Arbeitsschritten können so frühzeitig erkannt und korrigiert werden.

FAQs zum Exposé

Muss ich mich während der Promotion an das Exposé halten?

Es liegt auf der Hand, dass sich im Laufe des Forschungs- und Schreibprozesses, der sich bei einer Dissertation über mehrere Jahre erstreckt, einzelne Punkte ändern, vielleicht weil man feststellt, dass sich das, was man sich vorgenommen hat, nicht in der geplanten Form umsetzen lässt. Auch während des Forschungsprozesses können neue Erkenntnisse die im Exposé geplanten Inhalte und Schritte verändern, z.B. wenn eine Untersuchungsgruppe anders zusammengesetzt werden muss oder die Methodik überarbeitet werden muss. Diese Änderungen sollten zwischen Ihnen und der Betreuungsperson besprochen und ggf. in einem geänderten Exposé beschrieben werden, so dass auf dieser Grundlage neue Vereinbarungen getroffen werden können. Sprechen Sie Änderungen, die das Exposé betreffen, unbedingt mit der Betreuungsperson ab und prüfen Sie, ob die Promotionsordnung hierzu Regelungen enthält und Sie ggf. auch den Promotionsausschuss informieren müssen. In der Regel wird das Exposé nach Abgabe der Dissertation nicht mehr geprüft, es kann aber zu Schwierigkeiten kommen, wenn Sie das Thema vollständig oder gravierend geändert haben.

Wie viel Zeit muss ich einplanen, um ein Exposé zu schreiben?

Die Bearbeitungszeit eines Exposés hängt von verschiedenen Faktoren ab. In der Regel kann die Erstellung eines Exposés mehrere Monate in Anspruch nehmen. Der genaue Arbeitsaufwand hängt unter anderem davon ab, welche Vorarbeiten Sie bereits während Ihres Studiums oder z.B. durch Ihre Abschlussarbeit geleistet haben. Wenn Sie sich in diesem Zusammenhang zum Beispiel schon mit dem Stand der Forschung auseinandergesetzt haben, erleichtert Ihnen das die Arbeit. Entscheidend ist auch, wie viel Zeit Ihnen für die Erstellung des Exposés zur Verfügung steht. Im Kapitel 10.7 „Der Arbeits- und Zeitplan“ werde ich Ihnen erklären, wie Sie berechnen können, wie viel Zeit Sie ungefähr für die Erstellung Ihres Exposés benötigen werden. Aber auch wenn die Arbeit mehr Zeit in Anspruch nimmt, als Sie sich im Moment vorstellen: Generell verkürzt ein gutes Exposé Ihre Promotionsphase, da Sie viele Schwierigkeiten des Forschungsprozesses bereits im Vorfeld bewältigt haben! Die Arbeit lohnt sich also immer!

Muss ich beim Schreiben des Exposés bestimmte Formatvorgaben einhalten bzw. ein bestimmtes Layout verwenden?

Ob und welche Formatvorgaben einzuhalten sind, muss für jedes Exposé individuell recherchiert werden. Es kommt sehr darauf an, für welchen Zweck das Exposé benötigt wird. Promotionsbetreuende, Stiftungen, Begabtenförderungswerke oder Promotionsausschüsse haben unterschiedliche Vorstellungen und Anforderungen an den Inhalt und das Layout eines Exposés. Auf den Internetseiten der Fakultäten oder Stiftungen oder in einem persönlichen Gespräch mit den zukünftigen Betreuenden kann man in Erfahrung bringen, ob und welche konkreten Anforderungen bestehen. Falls keine Formate oder Formatvorlagen vorgegeben sind, orientiert man sich am besten an dem, was im jeweiligen Fach üblich ist.

Wie lang soll bzw. darf das Exposé sein?

Die Länge eines Exposés ist in der Regel individuell verschieden. Der Umfang hängt aber auch davon ab, ob und welche Vorgaben Sie erfüllen müssen. Wenn die Seitenzahl nicht vorgegeben ist, können Sie selbst entscheiden, wie viele Seiten Ihr Exposé umfassen soll. Exposés haben in der Regel einen Umfang von 10-15 Seiten. Es gibt aber auch Exposés, die 20-25 Seiten lang sind, und es gibt KurzExposés, die in der ersten Fassung nur zwei Seiten umfassen sollen. Meist ist der Umfang eines Exposés für die Bewerbung um ein Stipendium bei einer Stiftung/einem Begabtenförderwerk vorgegeben. Diese Vorgaben finden Sie auf den Internetseiten der jeweiligen Stiftung. Sie sollten darauf achten, diese Vorgaben unbedingt einzuhalten. Ob ein Promotionsausschuss oder ein Promotionsbetreuer Vorgaben zur Länge eines Exposés macht, sollten Sie recherchieren bzw. direkt erfragen.

Wie zitiere ich in einem Exposé?

Die Zitierweise ist abhängig von der Fachdisziplin, z.B. zitieren Historiker*innen anders als Sozialwissenschaftler*innen, die wiederum ganz anders zitieren als in den Naturwissenschaften. Möglicherweise verlangen aber auch die Auftraggeber*innen des Exposés, also z.B. eine Stiftung oder ein Begabtenförderungswerk, eine bestimmte Zitierweise. In diesem Fall sollten Sie sich bei der Einreichung Ihres Exposés an die vorgegebenen Zitierweisen halten. Auch dies können Sie auf den entsprechenden Webseiten recherchieren.

Bevor Sie ein Exposé einreichen, recherchieren Sie, ob und welche Vorgaben für das Layout, die Zitierweise, die Länge und den Aufbau des Exposés bestehen. Üblicherweise sind die Vorgaben auf den Webseiten der Auftraggeber*innen des Exposés zu finden. Falls es keine Vorgaben gibt, gestalten Sie das Exposé nach eigenem Gutdünken und halten Sie sich an die in der Fachdisziplin übliche Vorgehensweise.

Gibt es feste Termine zur Einreichung des Exposés?

Manchmal müssen Exposés zu festen, vorgeschriebenen Terminen eingereicht werden. Dies betrifft vor allem Exposés, die für die Bewerbung bei einem Begabtenförderungswerk, einer anderen Stiftung oder einem Graduiertenkolleg benötigt werden. Auch Fakultäten können Fristen setzen, die sich dann nach dem Sitzungstermin des Promotionsausschusses richten.

Ich habe zwei Auftraggeber*innen: Mein/e Betreuer*in bzw. der Promotionsausschuss verlangt ein anderes Exposé als ich für die Bewerbung bei einem Begabtenförderungswerk brauche.

Muss ich zwei Exposés schreiben?

Im Zweifelsfall: Ja! Sie können aber zunächst versuchen, mit Ihrer Betreuerin/Ihrem Betreuer oder dem Promotionsausschuss die Inhalte des einen Exposés zu klären und darum bitten, die Anforderungen an das andere Exposé anzupassen. Natürlich müssen alle Exposés den jeweiligen Vorgaben entsprechen, aber achten Sie unbedingt darauf, dass das Exposé für die Bewerbung um ein Stipendium den formalen Anforderungen entspricht.

Muss ich das Exposé in der „Wissenschaftssprache“ verfassen?

Das Promotionsexposé wird in der Sprache der jeweiligen Fachdisziplin verfasst. Das bedeutet, dass gängige Definitionen und Fachbegriffe verwendet werden. Damit ist aber nicht gemeint, dass ein Exposé verfälscht wird, indem die Sprache künstlich aufgebläht und Sachverhalte möglichst kompliziert formuliert werden. Das Exposé soll zwar fachlich und sprachlich anspruchsvoll und wissenschaftlich relevant sein, es soll aber auch für nichtwissenschaftliche Gutachtende oder Mitglieder von Auswahlkommissionen bei Stiftungen lesbar und verständlich sein. Daher sollte es zwar in der „Sprache der Wissenschaft“ formuliert sein, auf gute Lesbarkeit und Verständlichkeit ist aber unbedingt zu achten.

9 Themenfindung – Themeneingrenzung – Fragestellung

Die Themenfindung ist vor allem in den Sozial-, Kultur- und Geisteswissenschaften bereits Teil der Promotion, da sie viel Zeit in Anspruch nimmt. Anders als in den Natur- und Ingenieurwissenschaften, wo das Thema von der Betreuerin oder dem Betreuer vorgegeben wird, muss das Promotionsthema in den Sozial-, Kultur- und Geisteswissenschaften selbst entwickelt und zugeschnitten werden. Die Eingrenzung des Themas und die Konkretisierung der Fragestellung sowie die damit verbundene Auswahl der Forschungsmethoden machen die Vorbereitungsphase einer Promotion fast zu einer Wissenschaft für sich. Das bedeutet aber auch, dass diese umfassende Vorbereitung die spätere Forschungs- und Schreibphase sortiert, organisiert und damit möglicherweise verkürzt. Generell gilt: Je besser ein Thema vorbereitet, eingegrenzt und konkretisiert ist, desto leichter fällt die spätere Arbeit.

9.1 Wie finde ich ein geeignetes Promotionsthema?

Das Thema für die Promotion kann unterschiedliche Ursprünge haben. In einigen Fällen wird das Thema durch die Mitarbeit in einem Projekt vorgegeben. In anderen Fällen haben Betreuende konkrete Vorstellungen über ein Dissertationsthema oder stellen ein Thema bzw. mehrere Themen zur Auswahl bereit. Und auch bei der Bewerbung auf Stipendien in Graduierten- bzw. Promotionskollegs ist der inhaltliche Rahmen vorgegeben.

Während ein vorgegebenes Promotionsthema, beispielsweise durch die Promotionsbetreuung, ein Kolleg bzw. den oder die Leiter*in eines Forschungsprojektes den Prozess der Themenwahl erleichtern und verkürzen kann, berücksichtigen selbst gewählte und entwickelte Themen eher eigene Interessen und Erfahrungen. Diese eigenen Themen für eine Dissertation ergeben sich beispielsweise in der letzten Studienphase, wenn z.B. die Masterarbeit das weiterführende Interesse am Thema geweckt hat. Manchmal werden Promotionsthemen aber auch in der Berufspraxis, also im Verlauf des Berufslebens entdeckt.

Orientierung bei der Themensuche

Fragt man Promovierende danach, wie sie auf ihr Promotionsthema gekommen sind, nennen diese die folgenden Gründe:

- Das Thema macht mir *Spaß*. Ich habe es nach *eigenem Erkenntnisinteresse* und nach meinen Vorlieben ausgewählt.
- Das *Thema der Masterarbeit* hat mein Interesse geweckt, weitere Forschungen zu betreiben.
- Promotionsbetreuende machten mir *Themenvorschläge*, die von mir ausgearbeitet werden.
- Das Thema erschien mir *wissenschaftlich relevant.*
- Das Thema war/ist innerhalb der Fachdisziplin *aktuell.*
- Das Thema war *praktisch*, weil es dazu führt, mein mit der Promotion angestrebtes Karriereziel zu erreichen.
- Das Thema schien *machbar* und ist *praxisnah* durchzuführen.
- Das Thema war durch die *inhaltliche Ausrichtung eines Graduiertenkollegs* vorgegeben.
- Das Thema bot sich durch meine Beschäftigung als wissenschaftliche*r Mitarbeiter*in in einem *Forschungsprojekt* an.

Im Folgenden finden Sie einige Punkte, an denen Sie sich bei der Themensuche orientieren können:

- Das Thema sollte so spannend sein, dass es Sie bis zum Ende der Promotionsphase (und möglicherweise darüber hinaus) motiviert.
- Das Thema sollte auch für die Wissenschaft interessant sein. Ihre Forschung sollte wissenschaftlich relevante Ergebnisse bringen.
- Das Thema sollte Sie überzeugen, es sollte sich richtig „anfühlen".
- Das Thema sollte in die Fachdisziplin passen, in der Sie promovieren wollen. Es kann auch sein, dass Sie sich interdisziplinär, also in zwei Fachdisziplinen, verorten. Dann benötigen Sie auch eine interdisziplinäre Promotionsbetreuung.
- Das Thema sollte so gewählt sein, dass Sie nach Abschluss der Promotion neue, fachliche Kompetenzen erworben haben und Sie sich durch die thematische Bearbeitung in Ihrem Fach weiterqualifizieren.
- Das Thema sollte zu Ihren übrigen beruflichen Plänen einen Bezug haben. Von Vorteil ist es, wenn Sie die Erkenntnisse, die Sie durch den Promotionsprozess erwerben, entweder als Grundlage weiterer Forschungen oder als Ergebnisse Ihrer Forschungen für die Berufspraxis einsetzen können. Das ist oft ein wichtiger Aspekt für Promovierende, die neben Ihrem (außeruniversitären) Berufsleben promovieren.

- Das Thema muss so formuliert sein, dass es bearbeitbar ist, d.h. es muss konkret fassbar sein.
- Der Umfang des Themas sollte den zur Verfügung stehenden Zeitrahmen der Promotion nicht sprengen.
- Das Thema sollte so konzipiert sein, dass sich Ihr Forschungsanliegen durch fehlende oder unzureichende vorhergehende Forschungen (die Forschungslücke) erklären lässt.

Welche Arbeitsschritte gehören zur Themenfindung?

Aus einem allgemeinen Thema muss erst einmal ein spezielles Promotionsthema werden, das im Rahmen des eigenen Forschungsprojektes bearbeitbar wird. Wie aber wird ein Thema so zugeschnitten, dass es bearbeitbar wird?

Zunächst benötigen Sie eine Idee! Ideen entwickeln sich meistens aus Inhalten und interessanten Themen aus dem Studium, aus Ihren Bachelor-, Master oder Diplomarbeiten oder auch aus interessanten Phänomenen aus der Praxis, die Sie in ihrem Berufsleben entdecken.

> Kaufen Sie sich zur Themenfindung ein schönes Büchlein oder eine Mappe, die Sie immer in der Tasche oder im Rucksack mitnehmen können. Fangen Sie an, jede Idee oder Frage zum Thema aufzuschreiben. So geht unterwegs nichts verloren. Statt eines Notizbuches können Sie natürlich auch ein Diktiergerät oder eine App auf einem Mobilgerät benutzen.
>
> Übrigens: Die besten Ideen kommen erfahrungsgemäß nicht auf Bestellung, sondern eher ungeplant, spontan und zwischendurch. Umso besser, wenn man sie gleich aufschreiben kann!

Einige hilfreiche Schritte zur Themenfindung sind:

1. Brainstormen
2. Recherchieren
3. Fragen an das Thema stellen
4. Texte lesen und Inhalte sortieren

Auf diese vier Punkte werde ich nun einzeln eingehen.

1. Brainstormen

Schreiben Sie zunächst Ihre Idee auf ein Blatt Papier und sammeln Sie alle Aspekte, die diese Idee betreffen. Sie können die ursprüngliche Idee in die Mitte schreiben und einkreisen und dann alles, wirklich alles (!!!), was Ihnen dazu einfällt, darum herum aufschreiben. Das können Stichworte sein, aber auch kurze Fragen.

Wichtig bei dieser Methode ist, dass Sie wirklich erst einmal alle Ideen und Informationen unzensiert sammeln, ohne sich zu früh einzuschränken. Bewerten Sie nicht. Und streichen Sie noch nichts durch. Sammeln ist in dieser Phase wichtig! Nur so können Sie sicher sein, dass Sie viele Aspekte Ihres zukünftigen Themas im Blick haben!

> Auf der Webseite coachingzonen-wissenschaft.de finden Sie weitere Impulse und Beispiele für die Möglichkeit, Themen zu erarbeiten oder einzugrenzen. Dort finden Sie auch einen Onlinekurs mit Arbeitsmaterialien.

2. Recherchieren

Beginnen Sie so früh wie möglich mit der Literaturrecherche zu Ihrem Thema. Nutzen Sie dazu die Fachdatenbanken Ihres Faches. Recherchieren Sie auf der Website Ihrer Universitätsbibliothek. Finden Sie heraus, welche Forschungen und Forschungsergebnisse es zu Ihrer Idee bereits gibt. Suchen Sie auch in den Zeitschriften der Fachgesellschaften nach thematischen Bezügen zu Ihrer Idee. Notieren Sie zunächst alle Ideen, Unklarheiten, auftauchende Probleme und Fragen zu Ihrer Idee. Bleiben Sie dabei möglichst wertfrei und zensieren Sie nicht. Eine Eingrenzung ist in der Phase der Themenfindung noch nicht notwendig und könnte sogar den Blick auf interessante Aspekte des Themas verstellen, daher sollte in dieser Phase breit recherchiert und sortiert werden.

> Der *Informationsdienst Wissenschaft* bietet Nachrichten aus Wissenschaft und Forschung. Dort kann man frei recherchieren oder sich registrieren und ein eigenes Benachrichtigungsprofil anlegen, mit dem man individuell zugeschnittene Nachrichten erhält. Sie finden diesen Dienst unter: www.idw-online.de
>
> Die Deutsche Digitale Bibliothek ist ein Rechercheportal und vernetzt Kultur- und Wissenschaftseinrichtungen in Deutschland.
>
> Auch die Deutsche Nationalbibliothek hilft bei der Recherche und verfügt über alle Dissertationen.
>
> Eine Datenbank über laufende und abgeschlossene Forschungsprojekte bietet die DFG. Auch hier können Sie sich zu Forschungsthemen informieren und ggf. weiter recherchieren. Zu finden unter: gepris.dfg.de
>
> Einen Überblick über alle nationalen und internationalen Tagungen erhalten Sie hier: www.conferencealerts.com

3. Fragen an das Thema stellen

Notieren Sie alle interessanten Aspekte des Themas. Notieren Sie alle Fragen, die sich aus der Literatur ergeben. Versuchen Sie durch weitere Recherchen Ihre Fragen zu klären und zu beantworten und neue Fragen zu finden. Versuchen Sie, möglichst viele Perspektiven des Themas zu beleuchten. Erstellen Sie eine Liste mit Fragen, die in Ihrem Forschungsfeld bereits gestellt und beantwortet wurden, listen Sie weitere Fragen auf, die zu Ihrem Themenkomplex noch offen sind. Meist ergeben sich nach einer gründlichen Literaturrecherche neue, offene, wissenschaftlich relevante Fragen zum Themenkomplex, die im Rahmen einer Dissertation bearbeitbar erscheinen.

> Überlegen Sie, ob Sie ein Literaturverwaltungsprogramm einsetzen wollen (siehe das Kapitel „Literaturverwaltungsprogramme". Mit Literaturverwaltungsprogrammen können Sie nicht nur Literaturbestände verwalten oder in Textverarbeitungsprogrammen zitieren, viele Programme lassen sich auch als Wissensmanagement-Tool nutzen, mit dem Sie bereits gelesene Texte organisieren können. Wenn Sie noch keine Erfahrung im Umgang mit Literaturverwaltungsprogrammen haben, können Sie eine entsprechende Schulung besuchen. Entsprechende Kurse werden häufig von Universitätsbibliotheken oder im Rahmen von Graduiertenprogrammen der Universitäten/Fakultäten angeboten.

4. Texte lesen und Inhalte sortieren

Bevor Sie an einen Text herangehen, überlegen Sie sich, was Sie eigentlich von diesem Text wollen. Ihnen sollte klar sein, wozu Sie diesen Text benutzen möchten und welche Fragen der Text beantworten soll. Das führt dazu, dass Sie bereits am Anfang des Recherche- und Leseprozesses Texte beim Lesen sortieren und auf ihre Nützlichkeit hin überprüfen können. Bleiben Sie dabei aber auch aufmerksam für neue Erkenntnisse, Denkweisen und Ideen, die Sie aus den Texten herausziehen und für Ihr Forschungsprojekt nutzen.

Eine Struktur, wie Sie gewinnbringend an Literatur herangehen, sollten Sie sich vor dem Lesen überlegen. Dabei ist es wichtig, darüber nachzudenken, welche Informationen Sie aus den zu lesenden Texten generieren und in Ihr Forschungsprojekt einfließen lassen wollen. Eine Tabelle als Lesehilfe können Sie sich am besten selbst erstellen, oder Sie verwenden dafür von Anfang an ein Literaturverwaltungsprogramm. Wichtig ist, dass Sie diese Lesehilfe an Ihr Erkenntnisinteresse anpassen. Einen Vorschlag zur Lesehilfe finden auf der nächsten Seite.

Tool: Lesehilfe zur Promotionsvorbereitung

Diese und andere Fragen könnten Sie beispielsweise auch in ein Literaturverwaltungstool einfügen und während des Lesens immer mitlaufen lassen

Bibliografische Angaben:	Wann gelesen:
Welche Fragestellung hat der Text?	
Was sind die Untersuchungsmethoden? Wie ist das Untersuchungsfeld?	
Welche zentralen Erkenntnisse hat der Text?	
Welchen Einfluss kann der Text auf meine Arbeit haben?	
Welche Kritik habe ich an diesem Text? Wo sind Fragen offengeblieben?	

Recherche nach bereits vorhandenen Dissertationen

Immer wieder taucht die Frage auf, ob das eigene Thema wirklich so neu ist oder ob es dazu bereits eine Dissertation gibt. Bestehende Unsicherheiten können minimiert werden, wenn man einen Überblick über aktuelle Beiträge in Fachzeitschriften hat. Sicherheitshalber kann man auch in der Deutschen Nationalbibliothek nach bereits vorhandenen Dissertationen zum eigenen Thema suchen.

FAQs zur Themenfindung

Woran erkenne ich ein gutes Thema?

Eigentlich gibt es keine „guten“ oder „schlechten“ Promotionsthemen. Dennoch gibt es einige Kriterien, die bei der Themenwahl eine Rolle spielen können. Zunächst sollte das eigene Erkenntnisinteresse am Thema und an der Forschungsfrage so groß sein, dass die Motivation während der gesamten Promotionszeit erhalten bleibt. Außerdem sollte das Thema so zugeschnitten sein, dass Literatur zur Bearbeitung gefunden werden kann und eine Person die Betreuung der Dissertation übernimmt. Wenn Sie eine empirische Arbeit planen, sollten geeignete Methoden und ein möglicher Zugang zum Forschungsfeld vorhanden sein. Optimal ist es, wenn Sie Ihr Thema bereits im Vorfeld mit anderen Forschenden diskutieren können. So können Sie auch mögliche Überschneidungen mit anderen Themen für sich nutzen. Grenzen Sie Ihr Thema mehrfach ein und beziehen Sie sich dabei auf Theorien und Diskurse Ihrer Disziplin.

Wie finde ich heraus, ob jemand anderes mein Thema bereits bearbeitet hat?

Um auszuschließen, dass jemand anderes das eigene Promotionsthema bearbeitet hat, oder um herauszufinden, wie nah man mit seinem Thema an anderen Themen ist, hilft eine gründliche Recherche. Dabei ist eine Literaturrecherche generell unerlässlich, wobei diese immer am Anfang der Planung des Exposés stehen sollte (siehe den Abschnitt „Recherche nach bereits vorhandenen Dissertationen“).

Es kann aber auch sein, dass ähnliche Themen noch nicht veröffentlicht wurden. Suchen Sie daher auch nach aktuellen Forschungsprojekten. Wer forscht im eigenen Forschungsbereich oder in angrenzenden Bereichen oder Disziplinen? Hier ist es hilfreich zu recherchieren, ob und welche wissenschaftlichen Tagungen oder Konferenzen zum eigenen Themenbereich stattfinden und wer dort welche Vorträge hält. Anschließend können Sie auf den entsprechenden Webseiten recherchieren und ggf. die Publikationen der Vortragenden auf Überschneidungen überprüfen. Vielleicht lässt sich auch herausfinden, ob die Vortragenden promovieren oder Dissertationen betreuen, die das eigene Thema behandeln. Es lohnt sich auch, die Inhaltsverzeichnisse der Zeitschriften der Fachgesellschaften durchzusehen. Für viele Fächer gibt es keine Übersicht über alle Dissertationsthemen. Viele Fakultäten listen die Titel der abgeschlossenen Promotionen auf.

Eine weitere Möglichkeit wäre, die Social-Media-Kanäle der Einrichtungen bzw. der entsprechenden Personen anzuschauen. Es ist nämlich so, dass viele wissenschaftliche Einrichtungen und Wissenschaftler*innen twittern, bloggen oder ihre Publikationen auf Plattformen wie researchgate.net teilen. Daher bietet es sich an, diese Gelegenheit der Recherche zu nutzen.

Was ist, wenn ich erst zu spät herausfinde, dass jemand anderes mein Thema bearbeitet hat?

Das kommt relativ selten vor, denn in der Regel kennt man über die vielen Jahre der eigenen Promotion diejenigen, die an ähnlichen Themen forschen. Wenn es aber doch einmal passiert, hat man zwei Möglichkeiten: Entweder man beeilt sich und ist schneller! Oder man wartet ab, studiert die Arbeit des anderen gründlich und integriert sie in den eigenen Forschungsstand. Im Idealfall finden Sie dann in der ähnlichen Arbeit eine Forschungslücke, die Sie in Ihrer eigenen Arbeit schließen können.

Und: Sie brauchen keine Angst zu haben, dass es zwei identische Arbeiten gibt, wenn Sie eine empirische Arbeit schreiben, für die Sie eigene Forschungsdaten erheben. Die eigenen Daten beeinflussen in der Regel einen Großteil der Ergebnisse und sind in einer anderen Arbeit nicht reproduzierbar.

Was bedeutet eigentlich „wissenschaftliche Relevanz“?

Allgemein ist damit gemeint, dass es eine wissenschaftliche Begründung für das eigene Thema geben muss. Dahinter steht die Frage, warum das Thema für die Wissenschaft interessant oder sogar notwendig ist, warum die Wissenschaft Ihre Ergebnisse wissen will. Die wissenschaftliche Relevanz eines Themas begründet sich also aus dem Stand der Forschung und leitet sich aus dem Forschungsbedarf ab.

Häufig entsteht die Promotionsidee zunächst weniger aus einem wissenschaftlichen Erkenntnisinteresse, sondern eher aus einer Praxisbeobachtung oder interessengeleitet. In einem Exposé muss jedoch die wissenschaftliche Relevanz herausgearbeitet werden, da die Sinnhaftigkeit des Promotionsthemas begründet werden muss.

9.2 Wie grenzt man ein Thema ein?

Es ist für den Promotionsprozess hilfreich und notwendig, das Thema einzugrenzen. Ideal geschieht das, nachdem Sie bereits Aspekte und Informationen gesammelt, recherchiert und auf Ihre Verwendung geprüft und möglichst alle Aspekte, die das Thema betreffen, beleuchtet haben.

Der Prozess des Eingrenzens eines Themas

Die Eingrenzung eines Themas geschieht nicht an einem Tag, sondern ist ein relativ langwieriger Prozess, der mehrere Phasen umfasst. Diese Phasen möchte ich in der folgenden Tabelle darstellen.

Tabelle 1: Der Prozess der Themenfindung

Eine Idee entwickeln	Eine Idee wird durch Interessen, Probleme, Diskurse aus der Literatur, aus der Forschung heraus und aus Alltagsbeobachtungen, möglicherweise während des Studiums oder auch später entwickelt.
Sammeln	Fragen zur Idee werden aufgeschrieben und neue Ideen und Gedanken sowie vorhandene Forschungserkenntnisse werden gesammelt. Eine umfassende Literaturrecherche wird durchgeführt.
Prüfen	Es wird hinterfragt, welche Themenbereiche bearbeitet werden sollen und welche Fragen sich ergeben. Für das Projekt wird eine Fragestellung entwickelt.
Sortieren	Hier spielen folgende Fragen eine Rolle: In welcher Beziehung stehen die ausgewählten Bereiche? Welche Zusammenhänge gibt es sonst noch? Was ist Oberthema, was ist Teil eines anderen Themas?
Eingrenzen	Nun wird entschieden, welche Themenbereiche genau bearbeitet werden. Es wird konkretisiert und selektiert. Es wird die Entscheidung getroffen, welche Bereiche ausgeschlossen und welche Bereiche beforscht werden sollen. Hier sollte auch die Fragestellung endgültig entschieden werden.
Gliedern	Zuletzt wird die Reihenfolge festgelegt, in der man die einzelnen inhaltlichen Aspekte in der Dissertation abarbeiten möchte.

Achtung!

Der Prozess der Themenfindung und Themeneingrenzung verläuft nicht linear. Es handelt sich eher um einen Prozess, der üblicherweise iterativ, mit einigen Schleifen und Rückkopplungen verläuft. So ist es z.B. üblich, dass sich nach dem Sortieren des Materials neue Fragen ergeben, zu denen dann wieder recherchiert, beantwortet und neu formuliert werden muss.

Themeneingrenzung als Technik

Eine gute Eingrenzung des Promotionsthemas ist wichtig, um das Thema überschaubar und im Rahmen einer Dissertation bearbeitbar zu machen. Dies ist unbedingt erforderlich, da für die Promotion nur eine begrenzte Zeit zur Verfügung steht.

Anstatt die Themeneingrenzung inhaltlich aus dem Thema selbst abzuleiten, können Eingrenzungskriterien an das Thema angelegt werden. Das bedeutet, dass zunächst das Thema formuliert wird und erst später, quasi technisch, eingegrenzt wird (Beispiele s.u.). Die strategische und fachliche Eingrenzung des Themas anhand äußerer, formaler Kriterien ermöglicht im ersten Schritt eine schnelle Eingrenzung und schließt die inhaltliche Eingrenzung (s.u.) mit ein.

Die Themeneingrenzung gibt Aufschluss darüber, was genau in der Arbeit erforscht wird, d.h. welches Forschungsinteresse verfolgt wird. Die Themeneingrenzung ist aber nicht (!) die Fragestellung der Arbeit, sondern sie spezifiziert zunächst das Thema, indem sie detailliert auflistet, welche Schwerpunkte/Aspekte das Thema beinhaltet.

Ein Thema kann nach verschiedenen Kriterien eingegrenzt werden:

- zeitlich
- geografisch
- nach Institutionen/Einrichtungen/Organisationen
- nach Personengruppen oder Individuen
- nach Theorien oder ihren Vertreter*innen
- nach Materialien/Stoffen/Berechnungsarten, Quellen oder Medien
- nach Methoden und Techniken
- Eingrenzungen nach
- nach Beispielen und im Vergleich
- …

Beispiele für eine zeitliche Eingrenzung:

- einen definierten Zeitraum, von–bis, Beschränkung auf bestimmte Jahrgänge

- von–bis März 1983 bis Februar 1984
- zwischen 1983 und 1990
- Epochen wie Mittelalter oder künstlerische Epochen
- im 20. Jahrhundert
- während der Ära des, während des Zweiten Weltkrieges
- Zu Zeiten des …
- während der Weimarer Republik, während der Französischen Revolution, beim G-8-Treffen.
- …

Beispiele für eine geografische Eingrenzung

- Orte, wie Länder, Kontinente, bestimmte Plätze
- in einem Dorf/Stadt, Hauptstadt, Landkreis, Bundesland, Kontinent
- in der Arktis
- G-8-Staaten
- in der Weimarer Republik
- …

Beispiele für eine Eingrenzung nach Institutionen/Einrichtungen/Organisationen[3]

Es kann sich hier um ganze Institutionen/Organisationen handeln, oder um Teile/Ebenen davon.

- Schulen, Universitäten
- Behörden
- Unternehmen
- Stiftungen
- Institute wie Bildungsträger
- …

Beispiele für die Eingrenzung nach Personengruppen oder Individuen

- Eingrenzung nach Berufsgruppen, z. B. Erzieher*in oder Arzt/Ärztin, Schichtarbeiter*innen, Frauen in Männerberufen, Männer in Frauenberufen, Migrant*innen, Bauern und Bäuerinnen oder Schüler*innen.
- Geschlecht
- soziale Herkunft
- regionale Herkunft
- …

3 Die Begriffe Institution und Organisation werden je nach Fachdisziplin unterschiedlich verwendet. Hier geht es mir nur darum, das Forschungsfeld, auf das sie sich beziehen, einzugrenzen. Darum gehe ich nicht auf die unterschiedlichen Definitionen ein.

Konkrete Personen sind beispielsweise:

- Wissenschaftler*innen oder Nobelpreisträger*innen
- Philosoph*innen
- Politiker*innen
- Erfinder*innen
- Begründer*innen von Theorien oder theoretischen Schulen
- Dichter*innen
- Werke von …
- …

Hier könnte die Aufzählung weitergehen. Mit Personengruppen und Individuen sind die Personen und Personengruppen gemeint, an denen Sie sich in Ihrer Dissertation orientieren bzw. deren Leben und Werk oder deren Lebens- und Arbeitsbedingungen o.ä. Sie erforschen.

Beispiele für die Eingrenzung nach Theorien oder Ihren Vertreter*innen

Manche Forschungsprojekte fokussieren auf bestimmte wissenschaftliche Theorien oder deren Vertreter*innen. Gemeint sind z.B. Theorien aus der Physik, der Philosophie, Politikwissenschaft, Soziologie oder Kultur- und Geisteswissenschaft.

- naturwissenschaftliche Gesetze und Theorien
- didaktische Theorien/Theorien der Lehrer*innenbildung
- Theorie des kommunikativen Handelns von Habermas
- Relativitätstheorie
- Kunsttheorie
- …

Beispiele für die Eingrenzung nach Materialien/Stoffen/Berechnungsarten, Quellen oder Medien

- Stoffe, Eigenschaften von Materialien
- Herstellungsverfahren oder Simulation physikalischer Phänomene
- Betriebswirtschaftliche- oder technische Simulationen
- Eingrenzung nach Literaturquellen
- Medien
- Dokumentensammlungen
- …

Beispiele für die Eingrenzung nach Methoden und Techniken

Auch die Festlegung auf eine Forschungsmethode ist eine Eingrenzung

- Bearbeitungsmöglichkeiten und Messinstrumente
- Diskursanalysen

- Inhaltsanalysen
- ...

Beispiele für die Eingrenzung nach Methoden und Techniken

Quer zu den Eingrenzungskriterien können Eingrenzungen auch im Rahmen eines Vergleichs oder als Beispiel erfolgen. Dann kann ein größeres Forschungsfeld am Beispiel eines oder mehrerer Aspekte bearbeitet werden. Auch das Vergleichen kann eine Hilfskonstruktion sein, um ein größeres Thema bearbeitbar zu machen. Das kann bei der Entwicklung eines Themas auch helfen, den Fokus zu finden.

Eingrenzen mit den verschiedenen Kriterien: ein Beispiel

Wenn Sie ein Thema eingrenzen wollen, sollten Sie das Thema zunächst aufschreiben und dann mehrere Eingrenzungskriterien anwenden. Dabei sollten Sie nicht willkürlich, sondern argumentativ aus dem Forschungsstand bzw. der Theorie herleiten. Dabei werden theoretische Konstrukte operationalisiert, d.h. sie werden messbar gemacht und konkretisiert.

Ich möchte Ihnen das einmal am Beispiel des Themas „Soziale Ungleichheit" vormachen:

- Zunächst grenzt man zeitlich ein. Aus „sozialer Ungleichheit" wird „soziale Ungleichheit zwischen **1960 und 1990** (Der Zeitraum muss sich aus dem Forschungsstand begründen, etwa weil zwischen 1960 und 1990 das Bildungssystem immer weiter ausgebaut wurde.)
- Dann wird geografisch eingegrenzt. Jetzt geht es um die „soziale Ungleichheit **in Deutschland** zwischen 1960 und 1990" (Der Ort muss sich aus dem Forschungsstand begründen, etwa weil das Bildungssystem sich in Deutschland speziell verändert hat) oder ein Vergleich zwischen zwei Orten, z.B. Vergleich zwischen dem deutschen und dem schwedischen Bildungssystem im Hinblick auf... Aspekte in den Jahren... von–bis

Jetzt könnten einzelne Aspekte, die für die Forschung interessant sind, detailliert benannt werden, z.B.:

- Auswirkungen sozialer Ungleichheit
- spezielle Gruppen, die von der Ungleichheit betroffen sind, z.B. Frauen
- ein Vergleich von Gruppen, die von Ungleichheit unterschiedlich betroffen sind
- ein Vergleich von Gruppen, die von Ungleichheit gleich betroffen sind, aber unterschiedliche Zugänge oder Auswirkungen haben oder sich in anderer Weise unterscheiden.

Die Konkretisierung muss dann in dieser Form weiterentwickelt werden, dass ein Thema entsteht, das so weit eingegrenzt ist, dass es praktisch bearbeitbar wird. Um nachvollziehen zu können, wie das Ergebnis einer Themeneingrenzung in der Praxis aussieht, empfiehlt es sich, fertige Dissertationen zu sichten. Die Eingrenzung des eigenen Promotionsthemas sollte auch in der Absprache mit der Promotionsbetreuung erfolgen.

> Formulieren Sie aus dem fertig eingegrenzten Thema ein bis zwei Sätze. Daraus können Sie dann den Arbeitstitel Ihrer Dissertation ableiten. Außerdem können Sie mithilfe Ihrer Themeneingrenzung eine kleine Einleitung Ihrer Arbeit verfassen (siehe KurzExposé ab S. 142).

FAQs zur Themeneingrenzung

Warum ist die Themeneingrenzung so wichtig?

Schlecht oder unzureichend eingegrenzte Dissertationsthemen führen zu zwei typischen Problemen: Erstens fehlt die Orientierung beim Schreiben, d.h. man „schwimmt“ oft genug und wird unzufrieden, streicht und schreibt um. Und zweitens wird man nicht fertig, weil es immer noch etwas zu recherchieren und zu schreiben gibt. Später fällt das Streichen schwer, weil alles irgendwie zum Thema passt. Also: Besser vorher eingrenzen, denn die Dissertation soll ja nur eine begrenzte Zeit dauern und kein Lebenswerk sein.

Kann man ein Thema auch zu stark eingrenzen?

Theoretisch ist es möglich, ein Thema zu stark einzugrenzen, aber es wäre sinnvoll zu fragen, wie „groß“ oder „klein“ ein Thema sein kann oder sollte. Der Umfang eines Themas hängt vor allem von der wissenschaftlichen Relevanz und der Machbarkeit in der zur Verfügung stehenden Zeit ab. Letztlich ist es sinnvoll, sich zum Umfang des geplanten Promotionsvorhabens ein Feedback von der/dem Betreuer*in einzuholen, die/der mehr Erfahrung damit hat, was in welcher Zeit geleistet werden kann - und was inhaltlich sinnvoll ist.

Woran erkenne ich, dass mein Thema ausreichend eingegrenzt ist?

Sie erkennen es daran, dass Sie genau wissen, was zu tun ist und dass keine Unklarheiten mehr bestehen. Ihr Arbeitstitel sollte so konkret wie möglich sein und alle Gliederungspunkte sollten klar und eindeutig benannt werden.

Die Fallstricke der Themenfindung

Mit der Wahl des Themas wird der Grundstein für den Erfolg der Promotion gelegt. Bei der Eingrenzung und Festlegung des Themas sind jedoch einige wichtige Aspekte zu beachten. So sollten Sie unbedingt ein Thema wählen, das wissenschaftlich relevant ist. Gerade wenn Sie Ihr Thema im Rahmen eines Exposés vorstellen, müssen Sie die wissenschaftliche Relevanz des Themas vermitteln, da sich daraus überhaupt erst ein Forschungsanlass ergibt. Seien Sie hingegen vorsichtig, wenn Sie ein Thema wählen, das Sie selbst betrifft, z.B. wenn Sie über Ihre eigenen Erfahrungen oder Identitätsmerkmale forschen oder z.B. über Ihren Beruf. Schwierig kann es auch werden, wenn Sie Ihr Thema nicht intrinsisch motiviert bearbeiten, sondern die Motivation aus einem Auftrag resultiert.

Must-have: die wissenschaftliche Relevanz des Themas

Spaß und Interesse an einem Thema sind für die zügige Bearbeitung der Dissertation und die Motivation sehr hilfreich. Für eine Promotion ist aber letztlich vor allem die wissenschaftliche Relevanz eines Themas wichtig, denn sie begründet den Sinn und den wissenschaftlichen Nutzen der Dissertation. Die wissenschaftliche Relevanz sagt also aus, warum die Wissenschaft einen Bedarf an der Erforschung des konkreten Themas hat und wie sich das Thema in den wissenschaftlichen Erkenntnisstand der Disziplin bzw. Teildisziplin einfügt. Das heißt, das gewählte Thema sollte in die wissenschaftliche Diskussion eingebettet sein. Themen, die eher praxisrelevant sind, d.h. sich aus der Praxis heraus entwickeln, was z.B. häufig bei Themen externer Promovierender der Fall ist, die berufsbegleitend promovieren, müssen unbedingt an wissenschaftliche Diskurse rückgebunden werden.

In fast allen Disziplinen ist (oder sollte zumindest sein) eine Dissertation mehr als eine deskriptive Beschreibung, nämlich eine eigenständige Forschungsleistung, in der neue Erkenntnisse gewonnen werden. Das bedeutet, dass Sie bei der Themenwahl über die reine Beschreibung eines Phänomens hinausgehen und z.B. auf Implikationen fokussieren, theoretische Bezüge einbetten und herausstellen, warum sich die Wissenschaft bzw. die Disziplin für Ihre Forschungsergebnisse interessieren sollte und wie Ihre Forschungsergebnisse neue, weiterführende Forschung begründen können. Ihre Ergebnisse bilden somit auch die Grundlage für weitere Forschung.

Vorsicht bei der biografischen Herleitung eines Themas!

Gelegentlich kommt es vor, dass Promovierende, meist in den sozial-, kultur- und geisteswissenschaftlichen Disziplinen, ein Promotionsthema bearbeiten, das für sie auch eine biografische Bedeutung hat. Dies können beispielsweise Themen wie Religion, Tod, Krankheit, Paar- oder Elternbeziehungen, sexuelle Orientierung oder sexualisierter Missbrauch sein. Grundsätzlich handelt es sich um Themen, in die persönliche Erfahrungen und Erlebnisse einfließen.

In seltenen Fällen kommt es sogar vor, dass Promotionsthemen gewählt werden, die gewollt oder ungewollt eine therapeutische Wirkung auf das eigene Leben der Promovierenden haben (sollen). Dies kann durchaus problematisch sein, denn die Auseinandersetzung mit einem sehr persönlichen (und vielleicht sogar belastenden) Thema im Rahmen einer Promotion ist weder für die Promotion noch für die eigenen Bedürfnisse immer zielführend. Denn erstens kann es zu Konflikten zwischen wissenschaftlichem und persönlichem Erkenntnisinteresse kommen, ebenso wie erfahrungsbedingte, unreflektierte Vorannahmen den neutralen Blick auf die erhobenen Daten verstellen können. Und zweitens kann die emotionale Nähe zum eigenen Promotionsthema so belastend sein, dass sie zu einem Problem wird, das z.B. zu Schreibblockaden oder sogar zum Abbruch der Promotion führen kann.

Die Praxis hat aber auch gezeigt, dass die Bearbeitung von Promotionsthemen, an denen die Promovierenden emotional beteiligt sind, durchaus zu einer erfolgreichen Promotion führen kann. Allerdings ist es dann besonders wichtig, dass die Promovierenden sensibel auf Störungen im Promotionsprozess reagieren. Was übrigens generell für die Promotionsphase gilt, nämlich sich dringend und umgehend Hilfe zu holen, sobald man Schwierigkeiten im Promotionsprozess nicht mehr alleine bewältigen kann, gilt für Personen mit biografischen oder belastenden Themen in besonderem Maße: Bleiben Sie aufmerksam für die Ursachen Ihrer Schwierigkeiten oder Schreibblockaden und nehmen Sie professionelle Hilfe in Anspruch, z.B. im Rahmen eines Promotionscoachings.

> Wenn Sie in Ihrer Promotion ein biografisches Thema bearbeiten, dass für Sie eine besondere, vielleicht sogar eine belastende Bedeutung hat, bleiben Sie auch für die Störungen im Promotionsprozess, die sich aus dem Thema ergeben, aufmerksam! Und holen Sie sich professionelle Hilfe, wenn Sie das Problem nicht in einer angemessenen Zeit allein in den Griff bekommen!

Vorsicht, wenn Sie ein Thema bearbeiten, das die Promotionsbetreuung vorgegeben hat!

In manchen Fällen werden die Themen auch von Professor*innen vorgeschlagen. Wenn Sie aus den Natur- und Ingenieurwissenschaften kommen, ist das perfekt! Jetzt haben Sie ein Thema und können loslegen. Für Promovierende aus den Sozial-, Kultur- und Geisteswissenschaften ist die Themenfindung noch nicht abgeschlossen. Auf Vorschlag der Betreuerin oder des Betreuers beginnen Sie nun, sich tiefer in das Thema einzuarbeiten und eine eigene Fragestellung zu entwickeln bzw. zu begründen. Hier stellt sich die Frage, ob Sie selbst gestalten dürfen oder sich an die Vorgaben halten müssen. Wenn Themen durch die Promotionsbetreuung vorgeschlagen werden, haben die Betreuer*innen meistens ein bestimmtes Interesse am Thema bzw. an einem Aspekt des Themas. Das Interesse der Betreuer*innen kann sich einerseits positiv auf die Promotionsbetreuung auswirken. Wenn sich die Vorschläge der

Betreuenden mit den eigenen Vorstellungen decken, hat man mit einer interessierten und engagierten Promotionsbetreuung ideale Promotionsbedingungen. Manche Promovierende finden es sogar praktisch, wenn ihnen ein Thema zugewiesen wird. Problematisch kann es für Sie werden, wenn Sie das Interesse der Promotionsbetreuung nicht teilen und das Thema nur bearbeiten, weil es Ihnen angeboten wird. Wenn sich im Laufe der Zeit kein eigenes Erkenntnisinteresse entwickelt, kann dies den Promotionsprozess erheblich verzögern, da Sie große Schwierigkeiten haben werden, sich einem aus Ihrer Sicht uninteressanten Thema dauerhaft und intensiv zu widmen.

Besonders wenn Ihnen ein Promotionsthema durch die Promotionsbetreuung vorgeschlagen wird, sollten Sie prüfen, ob Ihr Interesse am Thema und Ihre Motivation ausreichen, dieses Thema über den gesamten Promotionsprozess hinaus engagiert zu bearbeiten.

10 Der inhaltliche Aufbau eines Exposés

Ein Exposé ist keine verbindliche und standardisierte Textsorte, d.h. ein Promotionsexposé hat in der Regel keine vorgeschriebenen Inhalte und keine vorgegebene Struktur. In einigen Fällen ist die Struktur des Exposés vorgegeben, z.B. bei Stipendien und Bewerbungen. Generell gilt, dass vor jedem Exposé recherchiert werden sollte, ob und welche Vorgaben für die Inhalte und deren Gliederung bestehen (siehe dazu auch Kapitel „Grundlegendes zum Exposé"). Ist eine Gliederung des Exposés vorgegeben, so ist diese unbedingt einzuhalten.

Ein Exposé transportiert explizite und implizite Inhalte. Explizit sind die Inhalte, die ausdrücklich gefordert werden, wie die Fragestellung, der Stand der Forschung oder die theoretische Begründung des Promotionsvorhabens. Implizit, also nicht ausdrücklich erwähnt, ist die wissenschaftliche Relevanz. Genauso wird zumeist vorausgesetzt, dass Sie deutlich herausarbeiten müssen, dass Ihre Forschung in der zur Verfügung stehenden Zeit mit den gebotenen Mitteln durchführbar ist. Es soll also transportiert werden, dass Sie die richtige und eine kompetente Person für dieses für die Wissenschaft wichtige Projekt sind und dass Sie alle Voraussetzungen mitbringen, dieses Projekt zu bewältigen.

Davon ausgehend, dass ein Exposé quasi als „Projektantrag" verfasst wird und somit das Ziel verfolgt wird, die Leser*innen von dem geplanten Vorhaben sowie von der Relevanz des Themas und des Antrags zu überzeugen, bietet es sich an, das Exposé in folgende Inhaltsbereiche zu gliedern:

1. Einleitung
2. Stand der Forschung
3. Fragestellung/Forschungsinteresse
4. theoretische Überlegungen
5. ggf. Hypothesen
6. methodisches Vorgehen
7. Arbeits- und Zeitplan
8. Gliederung
9. Literaturverzeichnis

Die Inhalte müssen nicht unbedingt in der hier vorgeschlagenen Reihenfolge in einem Exposé aufeinanderfolgen. Beispielsweise könnte der Abschnitt

„Theoretische Vorüberlegungen“ auch direkt nach dem Forschungsstand stehen.

Funktion der Inhalte eines Exposés auf einen Blick

Auf diese Punkte werde ich im Folgenden jeweils ausführlich eingehen. Einen groben Überblick liefert allerdings schon Tabelle 2.

10.1 Die Einleitung des Exposés

Eine Einleitung bzw. eine kurze Zusammenfassung zu Beginn des Exposés ist als kurze Einführung in das Thema ein Türöffner, um die Gunst des Lesers bzw. der Leserin zu gewinnen. An dieser Stelle ist es auch sinnvoll, die Relevanz des Themas bzw. die Notwendigkeit der geplanten Forschung zu verdeutlichen.

Ob eine Einleitung z.B. als kurze Zusammenfassung des Inhalts der Arbeit vorgesehen ist, kann den formalen Vorgaben entnommen werden. Meist ist dies nicht der Fall, dennoch kann es sinnvoll sein, zwei bis drei zusammenfassende Sätze zur Konzeption der geplanten Dissertation voranzustellen. Dies erleichtert den Leser*innen das Verständnis des Exposés und lässt sie das geplante Promotionsprojekt schneller nachvollziehen.

Die Einleitung eines Exposés ist nicht zu verwechseln mit der Einleitung einer wissenschaftlichen Arbeit. Im Gegensatz zur Einleitung Ihrer späteren Dissertation, in der das Thema, seine Herleitung und wissenschaftliche Relevanz sowie die Zielsetzung, Vorgehensweise und Gliederung der Dissertation sehr viel ausführlicher beschrieben werden, genügt hier eine kurze Einführung in das Thema.

> Formulieren Sie zur Orientierung der Leser*innen aus den Ergebnissen Ihrer Themeneingrenzung eine kurze Einleitung, die der Hinführung zu Ihrem Thema dient.

Hier finden Sie einige Formulierungsvorschläge, auf die Sie beim Schreiben der Einleitung zurückkommen können:

- Die geplante Dissertation bezieht sich auf…
- Das hier vorliegende Exposé thematisiert … unter Einbeziehung der Theorien … und Berücksichtigung von … methodisch unterstützt durch…
- Bei dem hier geplanten Promotionsprojekt wird der Frage nachgegangen, ob bzw. wie…
- Ziel der geplanten Dissertation ist, …

Tabelle 2: Die Gliederung eines Exposés

Exposé-Inhalt	**Funktion im Exposé**
Einleitung	Die Einleitung dient dazu, die Leser*innen auf den Text einzustimmen und sie darüber zu informieren, worum es in der geplanten Forschung geht. Es ist sinnvoll, an dieser Stelle zwei bis drei Sätze zur Verortung des Themas in der Wissenschaft, zur Ausgangslage sowie zur Methode zu schreiben.
Stand der Forschung	Mit der Systematisierung des Forschungsstandes zeigen Sie, dass Sie die wesentlichen Forschungsergebnisse kennen und sie in den aktuellen Forschungskontext einordnen können. Der Stand der Forschung ist bedeutsam für Ihre eigene Fragestellung, denn er führt zu ihr hin und begründet sie.
Fragestellung/ Forschungsfrage	Mit der Fragestellung machen Sie auf eine Lücke in der Forschung aufmerksam und stellen dar, wie wichtig es ist, diese Lücke zu schließen. Möglicherweise hat es bereits eine ähnliche Forschung gegeben, aber es hat sich eine oder es haben sich mehrere Einflussfaktoren geändert (Rahmenbedingungen, Messinstrumente, Methoden).
Theoretische Vorüberlegungen	Mit den theoretischen Vorüberlegungen wird die wissenschaftliche Relevanz Ihrer Forschung sowie ihre Einbettung in den Forschungskontext verdeutlicht. In welchen theoretischen Feldern die Arbeit verortet wird (und in welchen nicht), wird hier begründet.
Hypothesen	Je nach dem methodischen Vorgehen werden Sie Forschungshypothesen formulieren. Sie verdeutlichen Ihre Vorannahmen und verdeutlichen die Richtung des Forschungsprojektes.
Methode	Welche Methoden sich für die Erhebung Ihrer Daten und für deren Auswertung und Interpretation eignen, wird im Methodenteil beantwortet. Hier sollte deutlich werden, warum Sie sich für die von Ihnen gewählte Methode(n) entschieden haben. Mit der Wahl der Methode(n) sollte auch dargestellt werden, dass diese Arbeit technisch machbar und in der angestrebten Zeit durchzuführen ist.
Arbeits- und Zeitplan	Der Arbeits- und Zeitplan verdeutlicht, dass Ihr Promotionsprojekt von Ihnen im Rahmen der zur Verfügung stehenden Zeit bearbeitet werden kann.
Gliederung	Die Gliederung zeigt als Bestandteil des Exposés, dass sich die/der Verfasser*in bereits wohlüberlegte Gedanken zur Struktur der fertigen Arbeit gemacht hat.
Literaturverzeichnis	Das Literaturverzeichnis gibt einen Überblick über die verwendete Literatur und zeigt auch, in welche Richtung das Promotionsprojekt gehen wird.

- Berücksichtigt werden … Theorien…
- Theoretisch eingebettet ist die Forschungsfrage in … Theorien …
- Methodisch geleitet wird die Arbeit durch …
- In der geplanten Dissertation gehe ich der Frage nach, welche/ inwieweit/ob/ …

10.2 Der Stand der Forschung

Die sorgfältige Darstellung des aktuellen Forschungsstandes ist ein Muss für jedes Exposé. Hier geht es darum, die wichtigsten Studien und Forschungsprojekte – und vor allem deren Ergebnisse und Lücken – darzustellen. Bei der Formulierung des Forschungsstandes sollten vielfältige Zugänge zum Thema berücksichtigt und ein breites Spektrum aktueller Forschungsergebnisse abgedeckt werden.

Warum ist es so wichtig, den Forschungsstand explizit darzulegen?

Mit dem Stand der Forschung lässt sich beurteilen und vergleichen, ob:

- Forschende sich wissenschaftlich und disziplinär verorten und das eigene Thema in eine wissenschaftliche Diskussion einordnen können
- das Thema wissenschaftlich relevant und für die Wissenschaft gewinnbringend ist
- Forschende den passenden Zugang zum Thema haben
- Forschende in der Lage sind, wissenschaftliche Sachverhalte zu erfassen, zu analysieren und adäquat darzustellen
- Forschende unterschiedliche Forschungsrichtungen berücksichtigen können
- Forschende in der Lage sind, Forschungsbefunde wissenschaftlich zu vergleichen
- Forschende auf der Grundlage von Erkenntnissen neue Forschungsfragen und die darauf aufbauenden Studien kreieren können
- Forschende eine wissenschaftlich relevante und von der Menge her angemessene Auswahl des Forschungskontextes treffen können (z.B. wie viele Interviews, welche Inhalte, Anzahl der in Archiven gesichteten Medien)
- die Beantwortung der an den Forschungsstand anschließenden Fragestellung einen wissenschaftlichen Nutzen bringt

Wie sollte ich bei der Systematisierung des Forschungsstands vorgehen?

Nachdem sich im Rahmen der Themenfindung und Themeneingrenzung immer mehr herauskristallisiert hat, in welche Richtung Ihr wissenschaftliches Erkenntnisinteresse geht und wie Ihr Thema konkret lautet, gilt es für das Exposé zu analysieren und darzustellen, auf welchen Erkenntnissen bereits vorhandener Studien Ihre Forschungsarbeit aufbaut.

Zunächst ist es jedoch wichtig, sich in einem Forschungsfeld zu verorten. Sie sollten sich also überlegen, in welcher Disziplin, in welcher konkreten Teildisziplin und in welchem speziellen Fachgebiet dieser Teildisziplin Sie promovieren werden.

Folgende Beispiele sollen Ihnen ein paar Ideen liefern, wie eine solche Verortung aussehen kann:

- Sozialwissenschaften – Soziologie – Arbeitssoziologie – Technisierung von Arbeit
- Geisteswissenschaften – Geschichte – Wissenschaftsgeschichte – Geschichte der Naturwissenschaften – am Beispiel einer Naturwissenschaft
- Ingenieurwissenschaften – Informatik – Praktische Informatik – Softwaretechnik

Verorten Sie Ihre Dissertation in einem disziplinären oder interdisziplinären wissenschaftlichen Feld. Erst dann können Sie entscheiden, welche Basis Sie für Ihren Stand der Forschung heranziehen müssen.

Drei wichtige Arbeitsschritte bei der Erarbeitung des Forschungsstandes

Um den Stand der Forschung zu erarbeiten, sollten Sie folgende drei Arbeitsschritte leisten:

1. Recherchieren: vom Allgemeinen zum Speziellen recherchieren
2. Darstellen: Zahlen, Daten und Fakten zusammenfassen/Standpunkte und Positionen darstellen
3. Systematisieren: das vorhandene Material auswählen, sortieren und in einem System darstellen

Arbeitsschritt 1: Die Recherche: vom Allgemeinen zum Speziellen

Die Aufarbeitung des Forschungsstandes erfordert zunächst eine gründliche Recherche. Möglicherweise haben Sie bei der Themenfindung und Themeneingrenzung bereits einige Materialien gefunden. Um den Forschungsstand zu erarbeiten, sind nun aber weitere Recherchen, insbesondere in den verorteten Fachdisziplinen, notwendig.

> Ein Forschungsstand lässt sich sehr gut mithilfe eines Literaturverwaltungsprogramms (siehe S. 155) erheben und nachhaltig sichern. Bedenken Sie, dass Sie im Verlauf Ihrer Promotion immer wieder auf die Ergebnisse des Forschungsstands zurückgreifen und diesen ggf. im Forschungsverlauf modifizieren werden. Darum ist es sinnvoll, die Materialien so zu archivieren, dass sie auch in zwei bis drei Jahren problemlos wiedergefunden bzw. wieder ausgeliehen werden können und sich die für Sie interessanten Textstellen schnell wiederfinden lassen.

Externe Promovierende sollten sich spätestens jetzt, möglichst aber schon in der Phase der Themenfindung, Zugang zu einer Universitätsbibliothek verschaffen, um umfassend recherchieren zu können.

Nutzen Sie für Ihre Recherche Monographien und Sammelbände, Fachdatenbanken, Fachzeitschriften und die Webseiten der Fachgesellschaften sowie Webseiten von wissenschaftlichen Tagungen, die ggf. auch die Vorträge der Referent*innen enthalten. Wenn Sie Expert*innen in Ihrem Forschungsfeld gefunden haben, recherchieren Sie weitere Veröffentlichungen dieser Personen, z.B. in der Bibliothek, aber auch auf deren Webseiten. Suchen Sie auch nach Vorträgen und Tagungen, auf denen diese Personen möglicherweise ganz aktuelle und eventuell noch nicht publizierte Ergebnisse vorstellen.

> Die Themenfindung ist in manchen Fachdisziplinen, vor allem aber in den Geistes-, Kultur- und Sozialwissenschaften, mit der Erarbeitung des Forschungsstands immer noch nicht abgeschlossen. In der Praxis kommt es manchmal vor, dass sich in der Phase der Erarbeitung des Forschungsstands herausstellt, dass das Thema nicht wie geplant bearbeitbar ist oder sogar schon bearbeitet wurde. Das ist kein Grund aufzugeben! Gehen Sie nochmal einen Schritt zurück und finden Ihr Thema neu.

Arbeitsschritt 2: Zahlen, Daten und Fakten zusammenfassen, sowie Standpunkte und Positionen darstellen

Arbeiten Sie nun aus den Ihnen vorliegenden Studien die für Ihre Fragestellung (wahrscheinlich) relevanten Ergebnisse heraus. Fassen Sie dabei Standpunkte und Positionen zusammen und weisen Sie auf Unklarheiten und Widersprüche hin. Von besonderem Forschungsinteresse ist, was noch nicht untersucht wurde.

Nehmen Sie die Themeneingrenzung, die Sie erarbeitet haben, als Überschrift. Suchen Sie nun für jeden Aspekt Ihres Forschungsanliegens heraus, welche Daten Sie benötigen. Legen Sie Listen und Tabellen für jeden Aspekt an und fassen Sie die Hauptaussagen aus der Literatur zusammen.

Sammeln Sie Definitionen aus verschiedenen Forschungsarbeiten und entscheiden Sie, welche Definitionen für Ihre Arbeit nützlich sind. Entwickeln Sie Fragen an das vorhandene Material und lassen Sie sich inspirieren, neue Fragen zu entwickeln und zu beantworten, nachdem Sie Fragen beantwortet haben. Das Stellen und Beantworten von Fragen ist ein wichtiger Schritt, um Forschungslücken zu erkennen und zu schließen und zu einem wissenschaftlich relevanten Thema zu gelangen.

Arbeitsschritt 3: Die Systematisierung des vorhandenen Materials

In einem Exposé wird der Stand der Forschung nicht nur dargestellt, sondern umfassend systematisiert. Diese Systematisierung ist notwendig, um die Forschungslücke zu identifizieren, die spätere Forschungsfrage einzugrenzen und die wissenschaftliche Relevanz des Promotionsvorhabens zu begründen. Systematisieren bedeutet dabei, den Stand der Forschung so darzustellen und aufzubereiten, dass er strukturiert auf eine noch nicht bearbeitete Fragestellung, also auf einen neuen Forschungsbedarf, hinweist.

Die Liste auf der nächsten Seite soll bei der Systematisierung helfen. Sie sollten jedoch für sich selbst eine individuelle Liste entwickeln, die auf Ihre Bedürfnisse zugeschnitten ist und Ihr Forschungsanliegen berücksichtigt.

Entwickeln Sie für Ihre Zwecke ein eigenes System, wie Sie den Forschungsstand erarbeiten können, z.B. einen eigenen Kriterienkatalog. Sortieren Sie die Informationen des Forschungsfeldes zunächst nach inhaltlichen Kriterien. Dabei können eine Tabelle oder ein Literaturverwaltungsprogramm helfen. Ordnen Sie erst dann die vorhandenen Studien ein. Bleiben Sie dabei immer offen für neue Kategorien.

Ordnen Sie daher zunächst den Forschungsstand in einem sinnvollen System. Dies kann z.B. eine tabellarische, chronologische Gliederung sein. Im weiteren Verlauf der Systematisierung des Forschungsstandes kann es sich jedoch herausstellen, dass die chronologische Differenzierung nicht zielführend ist, weil sie nicht weiterführt, d.h. in Richtung der Forschungslücke. Möglicherweise erweisen sich Gliederungen nach Theorien oder theoretischen Modellen, nach Forschungsanlässen oder Problemstellungen, nach Forschungsmethoden oder

Forschungsergebnissen für Ihre Zwecke der Literaturauswertung als zielführender. Einen guten Überblick über Systematisierungen von Forschungsständen geben Dissertationen oder Habilitationen. Später entwickeln Sie aus den gewonnenen Ideen eine Systematisierung. Sie können z.B. die einzelnen Tabellen (siehe Tabelle 3) nebeneinanderlegen oder aufhängen und beginnen, Systematisierungskriterien wie Erhebungsdaten, Jahreszahlen, Bezugsgruppen, Methoden, Theorien etc. zu vergleichen und eine für Ihre Zwecke sinnvolle Einteilung vorzunehmen.

Behalten Sie auch bei der Systematisierung des Forschungsstandes immer Ihr Ziel im Auge. Warum ist gerade diese Studie für Ihren Forschungsstand wichtig? Wie beeinflussen die bereits gewonnenen Ergebnisse Ihre Forschungsfrage?

Die folgende Tabelle dient als Anregung, wie Sie die Systematisierung Ihres Forschungsstandes organisieren können. Entwickeln Sie Ihre eigene Systematisierung. Verzweifeln Sie nicht, wenn es etwas länger dauert. Schließlich muss man den Stand der Forschung schon sehr gut kennen, um eine gute Systematisierung vornehmen zu können.

Um den Forschungsstand zu systematisieren, können Sie auch ein Mindmapping-Tool verwenden (siehe Tools). Es ist auch möglich, mit großen Bögen Plakatpapier und Post-its zu arbeiten. Praktisch für diese Art der Systematisierung sind verschiedenfarbige Stifte, mit denen man die einzelnen Kriterien markieren und sich schnell einen Überblick verschaffen kann.

Eine andere Möglichkeit ist, die Kriterien in einer Datenbank, einer Excel-Tabelle oder in einem Wissensmanagement- bzw. Literaturverwaltungsprogramm zu sortieren. Das Literaturverwaltungsprogramm bietet sich schon deshalb an, weil Sie Ihre Ergebnisse gleich mit den Literaturquellen verknüpfen können.

> Wenn Sie einen guten Überblick über die Forschungslandschaft haben, probieren Sie aus, wie sich Ihr Thema sinnvoll auf eine entstandene Forschungsfrage beziehen lässt. Lassen Sie sich nicht verunsichern, wenn sich nicht sofort eine Systematisierung ergibt. Neue Erkenntnisse, die Sie aus der Literatur gewinnen, können Ihre Überlegungen zur Systematisierung beeinflussen und machen es u.U. notwendig, zwischendurch ein anderes System zu entwickeln oder auszuprobieren, welche Systematisierung für Ihre Arbeit sinnvoll ist.

Tabelle 3: Vorschlag zu einer ersten Systematisierung des Forschungsstands

Was wurde erforscht?	
Wer hat aus welchem Anlass geforscht?	
Welche Diskurse werden in der Disziplin geführt?	
Welche Untersuchungsgruppen wurden beforscht?	
Forschungszeitraum/Datum:	
Fragestellung/Ziel der Studie:	
Die wichtigsten Hypothesen der Studie:	
Einbezogene Theorien:	
Zentrale Ergebnisse:	
Welchen Einfluss hatten die Ergebnisse auf die einbezogenen Theorien?	
Welche Forschungsmethoden wurden verwendet?	
Welche Hinweise geben die Autor*innen auf erforderliche weitere Studien (z.B. im Ausblick)?	
Inwiefern passen die Befunde zu anderen Studien oder widerlegen diese?	
Eigene kritische Anmerkungen:	
Was trägt diese Studie zu meiner geplanten Dissertation bei?	

FAQs zum Forschungsstand

Wie lange dauert eine Recherche und woran merke ich, dass ich aufhören kann zu recherchieren?

Es ist wichtig, den langwierigen Rechercheprozess zielgerichtet und mit konkreten Fragestellungen zu gestalten. Sie sollten sich vor der Recherche fragen, was Sie genau wissen wollen. Dann können Sie die Forschungslandschaft relativ grob „scannen" und sich immer mehr auf Ihre Fragen konzentrieren. In der Regel ergeben sich im Rechercheprozess weitere Fragen, die Sie auf Ihre Liste schreiben und mit Hilfe der recherchierten Literatur beantworten können. Also: Bleiben Sie bei der Recherche fokussiert auf das, was Sie wissen wollen! Dazu recherchieren Sie zunächst allgemein und suchen dann immer spezifischer nach dem, was zu Ihrer Forschungsfrage passt. Dann ist es wichtig, dass Sie irgendwann mit der Recherche aufhören, damit Sie Ihr Exposé abschließen können. Später, während der Arbeit an der Dissertation, können Sie die Forschung wieder aufnehmen.

Grundsätzlich recherchieren Sie auch später während der gesamten Zeit, in der Sie an der Dissertation arbeiten. Irgendwann aber, spätestens nach etwa zwei Dritteln der Zeit, müssen Sie sich entscheiden, keine neuen Erkenntnisse aus der Recherche mehr in Ihre Arbeit einfließen zu lassen, weil Sie sonst nicht fertig werden. Die Recherche sollte dann aber ausnahmslos in der Phase der Endüberarbeitung Ihrer fast fertigen Arbeit abgeschlossen sein, in der es nur noch darum geht, die Sprache zu glätten, Übergänge zwischen den Kapiteln zu schreiben, Fehler zu korrigieren und zu formatieren.

Wie lange dauert es, den Stand der Forschung zu erarbeiten?

Die Dauer der Systematisierung des Forschungsstandes hängt davon ab, wie gut Sie das Forschungsfeld bereits kennen. In den meisten Fällen nimmt die Erarbeitung des Forschungsstandes einige Zeit in Anspruch, vor allem weil Sie herausfinden müssen, welche Art der Systematisierung für Sie sinnvoll ist. Auch das Ausleihen, Beschaffen oder Kopieren von Literatur und das Lesen nimmt einige Zeit in Anspruch.

Der einzige Trost für die Zeit, die man in die Systematisierung des Forschungsstandes investiert, ist, dass diese Zeit eine sehr wichtige Vorleistung für die Dissertation ist. Denn nach Abschluss dieser Arbeit verfügt man nicht nur über ein komplexes Wissen, sondern die fundierte Kenntnis des Forschungsstandes erleichtert auch die Recherche und den Schreibprozess.

Kann ich auch mit der „Ausgangssituation/Problemstellung“ ein Exposé beginnen?

Die Gliederungspunkte „Ausgangssituation“ und „Problemstellung“ werden in der Regel eher im Rahmen von Projektanträgen verwendet, können aber auch in einem Dissertationsexposé vorkommen. Ob Sie diese Punkte in Ihrem Exposé aufführen, hängt vom Thema und der Fachdisziplin ab und sollte ggf. mit dem/der Betreuer*in der Dissertation abgesprochen werden. Es ist denkbar, diese beiden inhaltlichen Bereiche direkt an den Anfang des Exposés zu stellen, so dass sie quasi als Einleitung fungieren.

Kann ich den Stand der Forschung, den ich für meine Studienabschlussarbeit recherchiert hatte, für das Exposé benutzen?

Im Prinzip: Ja! Natürlich verlieren Ihre Kenntnisse über den Stand der Forschung nicht ihre Gültigkeit, nur weil Sie sie schon einmal in einer Arbeit formuliert hatten. Vier wichtige Aspekte sollten Sie jedoch überprüfen:

1. Ist der Stand der Forschung in Ihrer Abschlussarbeit noch aktuell oder sind neue Forschungsergebnisse dazugekommen, z.B. auch durch Ihre eigene Leistung in der Abschlussarbeit?
2. Ist der Stand der Forschung Ihrer Abschlussarbeit für eine Dissertation umfassend genug? Haben Sie z.B. auch Dissertationen und Habilitationen berücksichtigt? Haben Sie weitere Literatur, beispielsweise Zeitschriftenaufsätze der Fachgesellschaften berücksichtigt? Haben Sie ggf. auch internationale Forschungsergebnisse angeführt?
3. Passt der Forschungsstand der Abschlussarbeit thematisch 100%ig zum neuen Forschungsprojekt? Führt er wirklich zur Fragestellung Ihrer Dissertation? Oder muss er ergänzt werden?
4. Dient die Systematisierung des Forschungsstands Ihrer Abschlussarbeit den Zielen Ihrer Dissertation? Oder sollte sie ergänzt bzw. verändert werden?

Kann ich das, was ich zum Stand der Forschung in meinem Exposé formuliere, später in meine Dissertation kopieren?

Zunächst spricht nichts dagegen, den im Exposé formulierten Stand der Forschung auch der Dissertation zugrunde zu legen, sofern die Promotionsordnung dies nicht ausschließt und ggf. die Regeln guter wissenschaftlicher Zitierpraxis berücksichtigt werden (Thema: Selbstplagiat). In der Praxis kommt es jedoch häufiger vor, dass sich der Stand der Forschung im Laufe der langen Zeit, die eine Promotion in der Regel dauert, weiterentwickelt und möglicherweise auch verändert, oder dass sich die Dissertation thematisch anders entwickelt als ursprünglich geplant. Dann ist es notwendig, den Stand der Forschung zu aktualisieren. Der Stand der Forschung ist dann angemessen und vollständig, wenn er sich thematisch und inhaltlich auf den Inhalt der fertigen Dissertation bezieht.

10.3 Die Fragestellung

Eine gute und klar formulierte Fragestellung erleichtert es den Leser*innen Ihrer Arbeit zu verstehen, was genau Sie in Ihrer Arbeit machen und warum das, was Sie erforschen, eine wissenschaftliche Relevanz besitzt. In diesem Sinne ist die Fragestellung das Fundament und die Leitidee der Arbeit, da sie sich als "roter Faden" durch alle Teile der Arbeit zieht.

Was die Reihenfolge in Ihrem Exposé betrifft, so sollten Sie die Fragestellung nach der Darstellung des systematisierten Forschungsstandes und vor der Beschreibung der Forschungsmethode formulieren. Dies ist sinnvoll, da sich die Fragestellung aus dem Forschungsstand ableitet. Der Forschungsstand ist die Grundlage für die Fragestellung, weil er auf der Basis der bisherigen Forschung auf eine Forschungslücke, auf weiteren Forschungsbedarf hinweist.

Am Ende der Darstellung des aktuellen Forschungsstandes wird die bisherige Forschung kritisch betrachtet und daraus ein Anlass für weitere, in diesem Fall eigene Forschung formuliert. Der neue Forschungsanlass kann beispielsweise darin begründet sein, dass die Methoden oder Theorien der bisherigen Forschung die wissenschaftlich relevanten Fragen nicht oder nicht ausreichend geklärt haben. Sie können auch argumentieren, dass bisherige Forschungsergebnisse für einen bestimmten Bereich nicht gültig sind oder dass Sie eine andere Sichtweise auf die Interpretation bisheriger Ergebnisse haben. Wichtig ist, dass Sie die Kritik an der bestehenden Forschung sachlich, konkret und in angemessener Sprache formulieren.

In jedem Fall sollten Sie die Forschungslücke benennen, die Sie mit Ihrem eigenen Forschungsvorhaben schließen wollen. Dieses eigene Forschungsprojekt sollten Sie dann mit Hilfe von klar formulierten Forschungsfragen ausarbeiten.

Mit Hilfe der Fragestellung können beispielsweise Phänomene untersucht oder Wirkungen analysiert werden. Die Fragestellung in einer Dissertation geht über die Beschreibung von Phänomenen hinaus, sie fragt nach neuen, neuartigen Erklärungen und Erkenntnissen. Dabei können Theorien oder Modelle erläutert und weiterentwickelt werden. Die Fragestellung der geplanten Dissertation muss zudem so dimensioniert sein, dass ihre Beantwortung im Rahmen der vorgesehenen Promotionszeit und unter Ihren Promotionsbedingungen leistbar ist.

Wie entwickelt man eine forschungsleitende Fragestellung?

Die Entwicklung einer wissenschaftlich relevanten Forschungsfrage ist in der Regel ein Prozess, der sich in der Planungsphase vollzieht und nicht linear, also von Schritt zu Schritt, verläuft, sondern in kontinuierlichen Schleifen zwischen Lesen, Systematisieren und Fragen. Dies gilt eher für die Fächer, in denen die Promovierenden das Promotionsthema selbst entwickeln sollen, also für die Geistes-, Kultur- und Sozialwissenschaften, weniger für die Ingenieur- und Naturwissenschaften.

Wenn Sie eine Fragestellung finden möchten, sollten Sie folgende Punkte abarbeiten:

- durchsuchen Sie den Stand der Forschung nach Forschungslücken. Was wurde noch nicht erforscht, welche Fragen wurden noch nicht gestellt?
- schreiben sie während Ihrer Recherchen und Ihrer Systematisierung des Forschungsstands kontinuierlich Ihre Annahmen/Hypothesen auf

- begründen Sie Ihre Fragen wissenschaftlich, aus bereits vorhandener Literatur
- versuchen Sie, stetig Antworten auf Ihre Fragen zu finden, indem Sie weiter recherchieren und lesen
- diskutieren Sie schriftlich den Sinn und die Relevanz Ihrer forschungsleitenden Fragen sowie diverse Antwortmöglichkeiten auf diese Forschungsfragen unter Berücksichtigung des wissenschaftlichen Kontextes
- machen Sie sich klar, was neu an Ihren Fragen ist und was somit eine Bereicherung für die Wissenschaft darstellt
- tauschen Sie sich mit anderen Promovierenden aus
- sprechen Sie mit Ihrer Promotionsbetreuung und holen Sie sich vor allem zur wissenschaftlichen Relevanz und zur Machbarkeit Ihres Forschungsanliegens Feedback.

> Schreiben Sie für Ihr Forschungsthema interessante Fragen von Anfang an auf und versuchen Sie, in der Literatur Antworten zu finden. Geben Sie dabei nicht zu schnell auf! Lesen Sie weiter! Entwickeln Sie Ihre Fragen immer auf der Basis der wissenschaftlichen Erkenntnisse. Das kann bedeuten, Ihre Fragen (immer wieder) dem aktuellen Forschungsstand anzupassen.

Ich habe für Sie eine Tabelle entwickelt (s. Tabelle 4), die Ihnen dabei helfen soll, sich Ihrer Fragestellung anzunähern. Füllen Sie die Tabelle mehrmals aus. Sie können die Tabelle beispielsweise immer dann anwenden, wenn Sie neue Bücher/Artikel gelesen und dadurch neue Erkenntnisse gewonnen haben, die Sie in Ihre Überlegungen einfließen lassen möchten.

Diese Tabelle bietet Ihnen die Möglichkeit, Ihre Fragestellung selbstständig zu hinterfragen. Diese Reflexion ist wichtig, denn nur so können Sie etwaige Ungenauigkeiten in der Formulierung erkennen und auf dieser Basis Ihre Fragestellung konkretisieren.

Wenn Sie an Ihrer Forschungsfrage arbeiten, dann sollten Sie darauf achten, dass die Fragestellung folgenden Anforderungen genügt:

- die Fragestellung muss sich auf konkretisierte wissenschaftliche Kontexte beziehen. Dazu ist es sinnvoll, sich in einem Forschungsfeld verortet zu haben
- die Fragestellung muss begründet sein, sich also aus vorhandenen Studien ergeben
- eine Fragestellung geht über die Beschreibung eines Phänomens hinaus. Sie soll neue wissenschaftliche Erkenntnisse ermöglichen
- die Fragestellung muss eindeutig, klar und präzise formuliert sein

Tabelle 4: Tabelle zur Entwicklung der Fragestellung

Ich möchte neue Erkenntnisse darüber gewinnen, ob / was / welche / wie / warum / wer / wann / wo / wofür …	
Ich bearbeite das Thema, weil …	
Ich möchte verstehen, ob / was / welche / wie / warum / wer / wann / wo / wofür …	
Der bisherige Forschungsstand konnte noch nicht erklären, ob / dass / was / welche / wie / warum / wer / wann / wo / wofür …	
Meine Forschungsergebnisse sollen beweisen, belegen, zeigen, hinführen, erweitern …	
Ich möchte erklären, ob / dass / was / welche / wie / warum / wer / wann / wo / wofür …	
Ich möchte der Frage nachgehen, weil …	
Die Beantwortung der Frage interessiert folgende Akteur*innen …	
Um die Frage zu beantworten, müsste ich …	

- die Fragestellung muss so formuliert werden, dass sich die Beantwortung durch Ihr geplantes Forschungsprojekt ergibt
- die Fragestellung muss mit der Promotionsbetreuung abgesprochen werden

FAQ zur Fragestellung

Darf sich meine Fragestellung im Laufe der Promotion noch verändern?

Im Verlauf des späteren Promotionsprozesses kann es vorkommen, dass die Forschungsfrage modifiziert wird, etwa wenn sich der Stand der Forschung verändert oder wenn es erforderlich wird, die Forschungsfrage an die sich aus dem Forschungsprozess ergebenden Veränderungen anzupassen. Größere

Veränderungen sollten Sie dann aber mit der Promotionsbetreuung absprechen und ggf. dem Promotionsausschuss mitteilen. Das gilt besonders dann, wenn die Veränderungen dazu führen, dass Sie in ihrer Promotion eine ganz andere Frage beantworten als im Exposé vorgesehen.

10.4 Theoretische Vorüberlegungen

Ob ein Exposé theoretische Vorüberlegungen bzw. einen Theorieteil enthalten sollte, hängt von der Disziplin und dem Promotionsthema ab. Sie sind auch dann unerlässlich, wenn die Adressat*innen des Exposés, also die Betreuer*innen, Promotionsausschüsse oder Begabtenförderwerke und Stiftungen, dies verlangen.

Theorien erklären im Allgemeinen Ereignisse und Phänomene und ordnen sie in Diskurse ein. Theorien werden in der Regel in einem Exposé zur Begründung der Ausgangslage der Forschungsarbeit und zur Einordnung der Forschungsergebnisse am Ende der Dissertation herangezogen. Bestehende Theorien können durch die Ergebnisse der Forschungsarbeit auch modifiziert werden.

Das Kapitel „Theorie“ bzw. „Theoretische Vorüberlegungen“ hat in einem Exposé die Funktion, den erwarteten Forschungsbeitrag der Dissertation theoretisch zu begründen und einzuordnen. Eine weitere Funktion dieses Teils ist es, nach der systematischen Auswertung vorhandener Studien aufzuzeigen, auf welchen Definitionen, Grundannahmen und welchem Verständnis des Forschungsgegenstandes die geplante Forschung basiert. Der Theorieteil des Exposés gibt darüber hinaus Auskunft über die theoretische Ausrichtung des Erkenntnisinteresses.

FAQ zu den theoretischen Vorüberlegungen

Ich bin mir nicht sicher, wohin das Kapitel „Theoretische Vorüberlegungen“ in meinem Exposé gehört. Wo kommt es hin?

Das Kapitel „Theoretische Vorüberlegungen“ folgt in der Regel auf das Kapitel „Stand der Forschung“. Die theoretischen Vorüberlegungen begründen im Idealfall die Fragestellung und geben Auskunft darüber, welche theoretische Bestätigung, Widerlegung oder Erweiterung durch die geplante Forschung zu erwarten ist. In Einzelfällen kann das Kapitel „Theoretische Vorüberlegungen“ auch Teil des Forschungsstandes sein oder erst nachträglich die Fragestellung begründen.

Generell sollten Sie bei der Auswahl des Theorieteils die Argumentationslogik des Exposés berücksichtigen. Wenn Sie unsicher sind, recherchieren Sie, was in Ihrem Forschungsfeld üblich ist oder ob es spezielle Vorgaben gibt. Sie können das Thema auch mit der Promotionsbetreuung besprechen.

10.5 Hypothesen

Hypothesen formulieren Annahmen über Zusammenhänge zwischen einzelnen Faktoren und können in der Dissertation durch Beobachtungen und Messungen belegt oder widerlegt werden.

Ob Forschungshypothesen (z.B. in Form von Vorannahmen) im Exposé vorkommen müssen, hängt vom Fachgebiet, der Art der Forschung und den Vorgaben für das Exposé ab. Die Vorgaben sollten Sie bereits recherchiert haben.

Um Hypothesen für das Exposé zu formulieren, werden diese unter Berücksichtigung des Erkenntnisinteresses aus bestehenden Theorien abgeleitet. Nachvollziehbare Forschungshypothesen können ebenso an die Fragestellung anknüpfen wie theoretische Vorüberlegungen aus dem Forschungsstand. Die Formulierung von Forschungshypothesen bietet sich insbesondere dann an, wenn messbare Daten erhoben werden oder wenn Sie Vorannahmen formulieren, die im Verlauf der Promotion überprüft werden sollen.

FAQs zu den Hypothesen

In welchen Fachdisziplinen werden üblicherweise Hypothesen verlangt?

Hypothesen werden oft dort verwendet, wo quantitative, also zählbare Daten erhoben werden. Man könnte diesbezüglich z.B. die Hypothese formulieren, dass Historiker*innen im Durchschnitt weniger oft mit Hypothesen arbeiten als Psycholog*innen. Diese Hypothese könnte nun empirisch widerlegt oder bestätigt werden, indem z.B. systematisch ausgezählt wird, wie viele Hypothesen in den Forschungsarbeiten der jeweiligen Forscher*innengruppen z.B. in den letzten 20 Jahren enthalten waren.

Muss mein Exposé auf jeden Fall Hypothesen enthalten?

Nein, das ist keine allgemeine Regel. Hypothesen sind immer nur dann sinnvoll, wenn sie aus Theorien abgeleitet – oder theoretisch überprüfbar – sind, oder wenn mit abhängigen und unabhängigen Variablen gearbeitet wird, die mit Wenn/Dann oder Je/Desto-Beziehungen dargestellt werden können.

Ich möchte mich um ein Stipendium bewerben. Die Stiftung verlangt im Exposé den Gliederungspunkt „Hypothesen". Ich arbeite aber methodisch hypothesengenerierend, d.h. ich habe keine Vorannahmen oder Hypothesen. Was muss ich tun?

Die Tatsache, dass Sie hypothesengenerierend arbeiten, also keine Hypothesen im Voraus generieren können, können Sie unter dem Gliederungspunkt „Hypothesen" beschreiben. Vielleicht können Sie noch ein paar Sätze dazu schreiben, was der Vorteil dieser Methode im Allgemeinen ist und was der Vorteil dieser Methode im Besonderen für Ihr Thema ist.

10.6 Forschungsmethoden/methodisches Vorgehen

Unter dem Gliederungspunkt „Forschungsmethoden/methodisches Vorgehen" ist in einem Exposé darzulegen, dass zur Beantwortung der Fragestellung geeignete Methoden eingesetzt werden.

Der Methodenteil des Exposés steht in direktem Zusammenhang mit der Forschungsfrage und ggf. den Hypothesen.

> Die Beantwortung der Forschungsfrage setzen Sie mit geeigneten Forschungsmethoden um. Bei der Auswahl der Methoden sollten Sie berücksichtigen, dass Sie Ihre Dissertation in der Ihnen zur Verfügung stehenden oder ggf. von außen (z.B. durch ein Stipendium) vorgegebenen Zeit bearbeiten müssen. Damit zeigen Sie auch, dass Ihre Forschung praktisch durchführbar und nicht zu umfangreich ist.

Es gibt quantitative Forschungsmethoden, mit denen große Datenmengen systematisch erhoben und anhand vorher aufgestellter Hypothesen analysiert und interpretiert werden können. Daneben gibt es qualitative Forschungsmethoden, mit denen die subjektiven Deutungen und Erfahrungswelten von Individuen beschrieben werden können. Und es gibt die Möglichkeit, beide Methoden zu kombinieren, was je nach Forschungsfrage, Forschungsmethode und Forschungsfeld gewinnbringend sein kann. Wichtig ist jedoch, dass Sie – egal für welchen Ansatz Sie sich entscheiden – immer die Forschungsmethoden wählen, die in Ihrer Disziplin anerkannt und mit Ihrer Betreuerin oder Ihrem Betreuer abgesprochen sind.

> Bei der Planung, welche Methoden wie und wo eingesetzt werden, ist es wichtig, den finanziellen und zeitlichen Aufwand zu berücksichtigen. Sie sollten immer sicherstellen, dass Sie sich bei Ihrer Forschung nicht finanziell übernehmen.

Vielleicht noch wichtiger ist jedoch, dass Sie Ihre Methodenwahl ausreichend und kompetent begründen. Sie sollten vor allem deutlich machen, dass die Methoden geeignet sind, die zur Beantwortung der Forschungsfrage notwendigen Ergebnisse in der zur Verfügung stehenden Zeit zu generieren.

Hinsichtlich der genauen inhaltlichen Ausgestaltung des Gliederungspunktes „Forschungsmethoden/methodisches Vorgehen" sollten Sie:

- beschreiben, welche Forschungsmethoden wie verwendet werden
- begründen, warum die ausgewählten Forschungsmethoden besonders gut geeignet sind und warum andere Forschungsmethoden weniger geeignet wären
- darstellen, wie das Forschungsdesign, also der Forschungsablauf der Arbeit gestaltet wird
- aufzeigen, welche Personen warum in Ihre Untersuchung einbezogen werden sollen und wie diese Personen gewonnen werden (Interviewpartner*innen, Teilnehmer*innen an teilnehmenden Beobachtungen etc.)
- aufzeigen, wie Versuche angeordnet werden
- begründen, warum welche Messinstrumente eingesetzt werden
- aufzählen, welche Medien, Quellen, Archive genutzt werden
- darlegen, wie die Daten ausgewertet werden

Neben der Erhebungsmethode, von der abhängt, wie genau die Daten im Forschungsprozess gewonnen werden, ist auch die Auswertungsmethode konkret zu planen und zu beschreiben. Dabei sollte konkretisiert werden, wie die erhobenen Daten aufbereitet und nach welchem Schema/welcher Theorie sie interpretiert und theoretisch reflektiert werden.

Wo erhalte ich Unterstützung zur Forschungsmethode?

Austauschmöglichkeiten und Unterstützung zu den Forschungsmethoden können der Besuch von (z.T. kostenpflichtigen) Methodenworkshops und das Studium von Methodenzeitschriften bieten. Dort finden Sie auch fachliche Unterstützung und Vernetzungsmöglichkeiten. Eine Internetrecherche hilft, methodische Unterstützung wie Methodentreffen, Methodenworkshops und Summer/Winter Schools, sowie Angebote freier Trainer*innen und Coaches zu finden.

FAQs zu Forschungsmethoden

Ich habe an einer Fachhochschule studiert und während meines Studiums bisher eher praktisch gearbeitet. Wie kann ich jetzt Forschungsmethoden lernen?

Zunächst ist es wichtig, dass Sie sich darüber informieren, welche Forschungsmethoden in Ihrem Fachgebiet üblich sind. Sie sollten auch herausfinden, welche Methoden üblicherweise für welche Art von Forschungsfragen verwendet werden. Es gibt viele Quellen für Informationen: In einigen Fächern gibt es Lehrbücher oder Handbücher, in denen ausschließlich Forschungsmethoden vorgestellt und diskutiert werden.

Neben der Recherche in Methodenhandbüchern sollten Sie auch Methodenveranstaltungen, z.B. Vorlesungen oder Seminare, an Ihrer Hochschule besuchen. Dazu können Sie die Lehrenden um eine Teilnahmeerlaubnis bitten.

Darf ich eine eigene Forschungsmethode erfinden?

Je nachdem wo Sie promovieren und was Ihre Promotionsbetreuung davon hält, dürfen Sie das – oder eben nicht. Im Prinzip spricht nichts dagegen, dass Sie eine Methode an Ihr Forschungsanliegen und Ihre Gegebenheiten anpassen und sie insofern modifizieren. Wenn Sie eine Methode verändern möchten, sollten Sie das aber mit der Promotionsbetreuung absprechen. Die Betreuenden können Ihnen Auskunft darüber geben, ob bzw. unter welchen Umständen eine Modifikation möglich ist und was sie bedeutet. Beispielsweise könnte es sein, dass umfangreiche Pretests nötig werden, die Sie konzipieren und zeitlich einplanen müssen.

Ist es möglich, die Methodik später, d.h. während der Forschungsphase der Promotion, zu ändern?

Genauso wie sich das Promotionsthema im Laufe der Forschung weiterentwickelt, kann es vorkommen, dass z.B. aufgrund neuer Erkenntnisse das bisher geplante methodische Vorgehen geändert werden muss. Änderungen werden jedoch immer in enger Absprache mit der Betreuerin oder dem Betreuer entschieden.

10.7 Der Arbeits- und Zeitplan

Da die Promotion ein langer Prozess ist, der sich in der Regel über mehrere Jahre erstreckt, und da, wie bereits erwähnt, die Fertigstellung eines Exposés in der Regel einige Wochen in Anspruch nimmt, ist es wichtig, diesen Prozess zu planen. Neben einem guten Zeitmanagement während der gesamten Exposéphase und später in der Promotionsphase bietet sich dazu zunächst die Erstellung eines Zeitplans an. Zeitmanagement in der Promotionsphase beschreibt, wie man sich selbst so organisiert, dass man mit der Promotion gut vorankommt und den Überblick über die gesamte Promotionsphase behält (Tipps dazu ab S. 151). Ein Arbeits- und Zeitplan hingegen gibt einen

Überblick über die geplanten Arbeitsschritte und die Dauer der Promotion im Voraus.

Grundsätzlich lassen sich im Zusammenhang mit der Promotionsplanung zwei Arten von Zeitplänen unterscheiden: Ein eher realistischer Zeitplan und ein Zeitplan, der sich statt an den tatsächlichen Arbeitszeiten an einer vorgegebenen Promotionsdauer orientiert, die z.B. durch ein Stipendium oder eine befristete Anstellung vorgegeben ist. Dieser Zeitplan kann unter Umständen ebenso realistisch sein. Allerdings klaffen in der Promotionspraxis jedoch die tatsächliche Promotionsdauer und die maximale Förderdauer von Promotionsstipendien häufig auseinander. Da Promotionsstipendien in Deutschland in der Regel für zwei bis drei Jahre mit einer optionalen Verlängerungsmöglichkeit von nur einem weiteren Jahr vergeben werden, die tatsächliche Promotionsdauer oft aber länger ist (vgl. ab S. 17), ergibt sich eine Differenz zwischen angestrebter und tatsächlicher Promotionsdauer. Diese Differenz kann ein hohes Frustrationspotenzial für die Promovierenden bergen, da sie den eigenen, von der vorgegebenen Zeit abweichenden Promotionsfortschritt als Misserfolg und als Zeichen der Unzulänglichkeit interpretieren.

Eine gute Möglichkeit, mit dieser Diskrepanz konstruktiv umzugehen und die eigene Promotionsphase zu planen und zu überblicken, besteht darin, zwei Zeitpläne zu erstellen: einen offiziellen Zeitplan, der dem Exposé beigefügt wird, und einen inoffiziellen Zeitplan für die eigene Lebensplanung, der wöchentlich aktualisiert wird.

> Einen Zeitplan zu erstellen, ohne zu wissen, wie viel Zeit für die einzelnen Arbeitsschritte benötigt wird, klingt schwieriger, als es ist. Identifizieren Sie die Arbeitsschritte und verteilen Sie diese auf die zur Verfügung stehende Zeit!
>
> Vor allem für Ihren privaten Zeitplan gilt: Schätzen Sie Ihre Möglichkeiten realistisch ein. Wenn Sie z.B. berufstätig sind, sollten Sie sowohl Zeiten einplanen, in denen Sie beruflich stark beansprucht sind, als auch Zeiten, in denen Sie Luft für die Promotion haben. Planen Sie auch private Termine (z.B. Urlaub) und einen Puffer für Unvorhergesehenes (z.B. Krankheit) ein. Dann haben Sie einen realistischen Überblick.
>
> Der offizielle Zeitplan, den Sie für das Exposé benötigen, zeigt dass Sie Ihre Promotion in der zur Verfügung stehenden Zeit abschließen werden. Bleiben Sie also realistisch, was den Arbeitsaufwand angeht.

Wie kann man einen realistischen Zeitplan für ein Exposé erstellen?

Für eine realistische Planung der Promotionszeit kann es hilfreich sein, zunächst einen inoffiziellen und damit realistischen Zeitplan zu erstellen und diesen in einem zweiten Schritt auf eine vorgegebene Zeit anzupassen. Diesen zweiten, offiziellen Zeitplan benötigen Sie ggf. für Ihr Exposé.

So gehen Sie am besten vor:

- alle geplanten Arbeitsschritte auflisten
- Recherche-, Planungs-, Erhebungs-, Auswertungs- und Schreibzeiten einplanen
- planen Sie möglichst kleinschrittig: Welche Recherchen, Reisen, Archivbesuche stehen an? Welche Erhebungen müssen konzipiert und durchgeführt werden? Wie viele Daten müssen aufbereitet, ausgewertet und interpretiert werden?
- Feedbackschritte einplanen (z.B. Rückmeldung der Promotionsbetreuung)
- berücksichtigen Sie private Termine (Umzug, Familiengründung, Urlaub). Planen Sie Erholungsphasen ein
- beachten Sie die tatsächlich für die Promotion zur Verfügung stehende Zeit: Wie viel Zeit haben Sie neben Beruf und Familie wirklich?
- markieren Sie, wann Sie welchen Teil der Dissertation abgeschlossen haben wollen

Generell werden in dem Zeitplan alle notwendigen Arbeitsschritte der geplanten Dissertation aufgelistet. Dann werden die Arbeitsschritte in eine sinnvolle Reihenfolge gebracht und zeitlich eingegrenzt.

> Überprüfen Sie Ihren privaten Zeitplan im Laufe Ihrer Promotion regelmäßig. Erfahrungsgemäß ändert er sich im Prozess. Wenn Ihnen daran gelegen ist, Ihre Promotionsphase realistisch zu überblicken, passen Sie Ihren Zeitplan stetig an. Dazu eignet sich z.B. auch das Zeitplan-Bundle von Coachingzonen-Wissenschaft.

Welche Elemente muss der offizielle Zeitplan enthalten, den Sie in das Exposé einbetten?

Folgende Arbeitsschritte sollte der offizielle Zeitplan enthalten, wobei es natürlich auf Ihr konkretes Forschungsanliegen ankommt, wie genau die einzelnen Punkte inhaltlich gefüllt werden:

- Material- und Literaturrecherche
- Entwicklung des Forschungsziels, der forschungsleitenden Frage bzw. von Forschungshypothesen
- Planung der theoretischen Bezüge, Planung des Theorieteils der Arbeit
- Planung der empirischen Forschung: Auswahl der Theorie, der Methoden und des Forschungsfeldes

- Entwicklung geeigneter Forschungsinstrumente (Erstellen von Interviewleitfäden, Fragebögen, anderen Instrumenten usw.)
- Laborzeiten, Experimente, Versuchsanordnungen
- Datenerhebung: Durchführung von Experimenten, Führen von Interviews usw., evtl. auch Pretests
- Datenaufbereitung (Transkriptionen von Interviews, Eingabe quantitativer Daten in eine statistische Software usw.)
- Datenauswertung: Auswertung und Interpretation der erhobenen Daten)
- schreiben der Dissertation/Schreibphasen: mehrere Überarbeitungsschritte, mehrfaches Feedback einholen

Überarbeiten Sie den inoffiziellen Zeitplan in einem zweiten Schritt zu einem offiziellen Zeitplan, indem Sie ihn an die Ihnen für die Promotion zur Verfügung stehende Zeit anpassen. Informieren Sie sich, wie viel Zeit Ihnen für Ihre Promotion zur Verfügung steht, z.B. Arbeitsverträge, maximale Förderdauer von Stipendien.

Nehmen Sie dann Ihren ersten „realistischen" Zeitplan und passen Sie ihn an die Ihnen zur Verfügung stehende Zeit an. Versuchen Sie, so realistisch wie möglich zu bleiben. Versuchen Sie nicht nur, viele Aktivitäten in eine kurze Zeitspanne zu packen, sondern reduzieren Sie gegebenenfalls auch Inhalte, z.B. die Anzahl der Interviews, Archivbesuche oder ähnliches. Der Zeitplan, den Sie dann in das Exposé einbauen, enthält in der Regel keine privaten Termine, aber Sie können eventuell Urlaubszeiten einbauen, die dann in ihrer Dauer den Urlaubszeiten entsprechen, die Arbeitnehmer*innen in der Regel haben.

> Ein sehr wichtiger Tipp, vielleicht der Wichtigste überhaupt: Die Promotion ist kein Lebenswerk! Sie sollten sich zumindest vorstellen können, die Promotion irgendwann auch abzuschließen, idealerweise in drei bis fünf Jahren.

FAQs zum Zeitplan

Wie soll ich einen Zeitplan für etwas erstellen, das ich noch nie gemacht habe und bei dem ich nicht einmal abschätzen kann, wie viel Zeit ich für die einzelnen Arbeitsschritte benötigen werde?

Der Mangel an Erfahrung ist das Schwierigste am Zeitplan. Versuchen Sie, erfahrene Personen um Hilfe zu bitten. Vielleicht können Sie sich andere Zeitpläne ansehen oder mit Promovierenden sprechen, die schon weiter sind?

Ansonsten bleibt Ihnen nichts anderes übrig, als die Dauer der einzelnen Tätigkeiten Pi mal Daumen zu schätzen.

Schreiben Universitäten vor, über welchen Zeitraum mein Zeitplan gehen soll?

Bisher nicht. Zur Sicherheit können Sie das in der Promotionsordnung recherchieren.

Meine Promotion dauert wahrscheinlich länger als mein Stipendium. Was bedeutet das für mich?

Sie sind nach Abschluss Ihrer Promotion nicht mehr durch das Stipendium finanziell abgesichert und müssen sich spätestens nach Auslaufen des Stipendiums um eine weitere Finanzierung der Abschlussphase kümmern. Dass Sie das Stipendium zurückzahlen müssen, weil Sie die Promotion nicht abgeschlossen haben, ist bei den Stiftungen und Begabtenförderungswerken in der Regel nicht vorgesehen. Sie können sich aber sicherheitshalber beim Stipendiengeber erkundigen, ob dies der Fall sein könnte. Aus strategischen Gründen sollten Sie dies aber erst nach der Stipendienzusage tun.

Beispiele für Zeitpläne

Um Ihnen einen Überblick über die verschiedenen Zeitpläne zu geben, werden hier einige Zeitpläne vorgestellt. Alle Zeitpläne sind auf 24 Monate ausgelegt. Sie können die Zeitpläne jedoch problemlos an jede beliebige Förderungshöchstdauer anpassen. Informieren Sie sich, ob für Ihren individuellen Zeitplan eine Frist vorgeschrieben ist. Wenn Sie keine Zeitvorgabe haben, verlängern Sie den Zeitplan für sich individuell auf eine Promotionszeit von drei bis fünf Jahren. Die Beispielzeitpläne können sowohl inhaltlich als auch zeitlich an Ihr Promotionsvorhaben angepasst werden.

Die Zeitpläne bieten einen groben Überblick über die einzelnen Arbeitsbereiche und sollen Sie dazu anregen, für das eigene Projekt Arbeitsschritte zu identifizieren und diese dann nach Zeiteinheiten zu strukturieren und im Rahmen eines Zeitschemas darzustellen.

Insgesamt finden Sie sieben Zeitpläne auf den nächsten Seiten.

- *Beispiel 1* ist ein Zeitplan für eine quantitative Forschung. Dieser Zeitplan ist als Tabelle erstellt und enthält die typischen Bestandteile quantitativen Forschens.
- *Beispiel 2* ist ein Zeitplan für eine qualitative Forschung. Dieser Zeitplan ist als Tabelle erstellt und enthält die typischen Bestandteile qualitativen Forschens.
- *Beispiel 3* ist ein Zeitplan für eine qualitative Forschung. Er ist in Textform verfasst.

- *Beispiel 4* ist ein Zeitplan für eine qualitative Studie/Beobachtung: Dieser Zeitplan ist als Tabelle erstellt worden. Ausgangslage sind hier Pakete von Arbeitsschritten, später werden die Zeiteinheiten/Anzahl der Monate angepasst. **Empfohlen: Dieser Zeitplan reicht für ein Exposé völlig aus.**
- *Beispiel 5* ist ein Zeitplan für eine vergleichende Studie: Er ist tabellarisch konzipiert und enthält eine nach konkreten Monaten aufgeschlüsselte Aufzählung der Tätigkeiten. **Empfohlen: Dieser Zeitplan reicht für ein Exposé völlig aus.**
- *Beispiel 6* ist ein Zeitplan für eine vergleichende Studie. Der Plan ist eine Tabelle, die – differenziert nach Fall 1 und Fall 2 – aufgeschlüsselte Tätigkeiten enthält.
- *Beispiel 7* ist ein Zeitplan für eine empirische Untersuchung. Es ist eine nach Arbeitsphasen differenzierte Tabelle.

Muster für das Zeitmanagement wie z.B. verschiedene Wochenpläne zum Download in der Promotionsphase finden Sie unter coachingzonen-wissenschaft.de. Dabei handelt es sich nicht um Zeitpläne für das Exposé, sondern allgemein die Zeitplanung in der Promotion.

Beispiel 1: Zeitplan für eine quantitative Forschung

Arbeitsplan / Monate	01	02	03	04	05	06	07	08	09	10	11	12	13	14	15	16	17	18	19	20	21	22	23	24
Entwicklung des Theorieteils/Darstellung der Hypothesen	■	■	■																					
Konzeption des Fragebogens		■	■	■																				
Versuchsbefragung/Pretest				■	■	■																		
Überarbeitung des Fragebogens/Befragung im Feld						■	■	■																
Verschriftlichung des theoretischen Teils								■	■	■														
Aufbereitung und Auswertung der Daten											■	■	■	■	■	■								
Verschriftlichung des empirischen Teils															■	■	■	■	■					
Diskussion der empirischen Ergebnisse und theoretische Reflexion																				■	■	■		
Überarbeitung																						■	■	■
Endkorrekturen/Abgabe																								■

Beispiel 2: Zeitplan für eine qualitative Forschung

Arbeitsplan / Monate	01	02	03	04	05	06	07	08	09	10	11	12	13	14	15	16	17	18	19	20	21	22	23	24
Auswahl und Akquise der Interviewpartner*innen	■																							
Entwicklung eines Leitfadens	■	■																						
Durchführung der Interviews			■	■	■																			
Transkription der Interviews					■	■	■																	
Auswertung der qualitativen Daten							■	■	■	■	■	■												
Verschriftlichung des theoretischen Bezugsrahmens					■	■	■																	
Verschriftlichung der Ergebnisse der qual. Erhebung										■	■	■	■	■	■									
Rohfassung schreiben															■	■								
Theoretische Reflexion des empirischen Materials																	■	■	■	■	■			
Überarbeiten/Korrigieren																						■	■	■
Abgabe der Arbeit																								■

Beispiel 3: Zeitplan für eine qualitative Forschung (Textform)

Bisher wurde folgende Vorarbeit geleistet:

In meiner Masterarbeit „XYZ“ habe ich mich ausführlich mit dem Thema X unter Bedingung von Y auseinandergesetzt. Da ich in dieser Arbeit bereits mit „XY-Methode“-Interviews gearbeitet habe, sind mir diese auch in der Promotion zu verwendenden Methoden bereits vertraut. Des Weiteren gab es in der Masterarbeit auch ein kurzes einführendes Kapitel zum „Theoriebezug X“, für das ich mich in die Grundlagen des Promotionsthemas eingearbeitet habe.

Eine ausführliche Literaturrecherche und eine Bearbeitung der ausgewählten Theorien sind ebenfalls erfolgt. Dabei habe ich hauptsächlich die Themenstränge X, Y und Z bearbeitet, die in dem geplanten Promotionsvorhaben weiter zusammengeführt werden sollen. Theoretisch abgeleitet sind schon zwei von voraussichtlich acht Auswertungskategorien begründet worden.

Diese Arbeitsschritte stehen noch aus:

In einer ersten Arbeitsphase von ca. drei Monaten erfolgt die theoretische Einbettung der Forschungsfrage. In dieser Phase werde ich zudem die Leitfäden für die Interviews erstellen sowie ein Kategorienschema für die Auswertung der Interviews entwickeln. Ebenfalls in den ersten drei Monaten wird das Methodenkapitel verfasst. Parallel dazu wird der Zugang zum Feld abschließend organisiert und terminiert, und erste Testinterviews werden geführt.

Nach diesen vorbereitenden Arbeiten erfolgen die Erhebung, die Aufbereitung (Transkription, Codierung) und die Auswertung der Interviews, die zehn Monate Zeit in Anspruch nehmen werden. Da ich mit der Methode des X arbeiten werde, lassen sich Erhebung und Auswertung nicht genau voneinander abgrenzen, da sowohl die Überarbeitung des Leitfadens nach einigen Testinterviews als auch die gezielte Suche nach weiteren Interviewpartner*innen parallel zur Auswertung stattfinden. Während der Auswertung erfolgen auch die Verschriftlichung der Ergebnisse sowie u.U. ausführlichere Interpretationen einzelner Interviews.

Anschließend sollen im Zeitrahmen von vier Monaten die theoretische Reflexion der Ergebnisse sowie die Einarbeitung einschlägiger Theorien in die Auswertungsbegründung stattfinden. Die Entwicklung des Ausblicks und eventueller Handlungsanweisungen auf der Grundlage der empirischen Ergebnisse nimmt weitere drei Monate in Anspruch.

Abschließend bleiben vier Monate Zeit, um nach der mehrfachen Überarbeitung, dem Redigieren, dem Layouten und dem Druck die Arbeit nach insgesamt 24 Monaten abzuschließen.

Beispiel 4: Zeitplan für eine qualitative Studie/Beobachtung

	Projektinhalte	**Arbeitsschritte**	**Zeitaufwand**
I. Planungsphase	Vorbereitung der Befragung Konzeption der Verhaltensbeobachtung Rekrutierung der Stichprobe Bestimmung der theoretischen Bezüge	Recherche und Zusammenstellung von Fragebogenmaterial Kategoriendefinition; Auswahl der Beobachtungssituationen; Probebeobachtungen Auswahl der Untersuchungsteilnehmer*innen Informationsgespräche; Terminvereinbarungen Textstudium und Schreiben des theoretischen Überbaus	4 Monate
II. Erhebungsphase	Durchführung der Befragung Durchführung der Verhaltensbeobachtung	Interviews Gruppe A Interviews Gruppe B Befragung der Kolleg*innen von A und B Beobachtung der Gruppe A in drei typischen Situationen	6 Monate
III. Datenauswertungsphase	Aufbereitung und Auswertung des Datenmaterials	Sichtung des Datenmaterials Datenaufbereitung Datenauswertung	4 Monate
IV. Interpretations- und Rückkopplungsphase	Interpretation der Ergebnisse und Rückkopplung an theoretische Erkenntnisse	Interpretation Herstellung von theoretischen Bezügen	5 Monate
IV. Schreibphase	Verfassen und Redigieren der Arbeit	Darstellung der Ergebnisse Intensive Schreibphase	5 Monate
			Gesamt: 24 Monate

Beispiel 5: Zeitplan für eine vergleichende Studie

Jan.–Mrz. 2014	Vorbereitung (Quellensuche bzw. Zugänglichkeit der Quellen, Allgemeine Literatur, methodische Vorarbeiten)
April–Juni 2014	Literaturrecherche und Entwicklung forschungsleitender Hypothesen, Verschriftlichung der Untersuchungshypothesen auf Basis der erarbeiteten theoretischen Grundlagen
Juli–Sep. 2014	Quellenrecherche in Archiven (Archiv x/Archiv y)
Okt. 2014–Jan 2015	Bearbeitung und Auswertung des Materials
Feb.–Mrz. 2015	Auslandsaufenthalt im Land x, weitere Quellen- und Literaturrecherche, Verschriftlichung weiterer Untersuchungshypothesen auf Basis der erarbeiteten theoretischen Grundlagen
April–Juni. 2015	weitere Bearbeitung und Auswertung des Materials
Juli 2015–Aug. 2015	weitere Strukturierung des Materials, vergleichende Betrachtung, eventuelle Nachrecherchen
Sep.–Okt. 2015	Schreibphase: Verschriftlichung der Ergebnisse
Nov.–Dez. 2015	Korrektur- und Layoutarbeiten, Drucklegung, Abgabe

Beispiel 6: Zeitplan für eine vergleichende Studie (Tabellenform)

	Jahr 2014 =7 Monate							Jahr 2015 = 12Monate												Jahr 2016 = 5 Monate					
Literaturrecherche	x	x	x					1	1	1	1	1			1	1	1	1	1						
Aufbau von Kontakten zum Untersuchungsfeld	x	x																							
Dokumentenanalyse der Dokumente x			x																						
Dokumentenanalyse der Dokumente y			x																						
Historische Rekon-struktion				x	x																				
Erarbeitung des Leit-fadens für die Telefo-ninterviews			x	x																					
Telefoninterviews, Ziele							1	1		2	2			1	1	2	2								
Erarbeitung der In-strumente für die Fall-studien			x	x	x	x	x																		
Durchführung der Fallstudien								1	1	1	1 2	1 2	1 2	2	1	1	1 2	1 2	1 2	2	2				
Auswertung der Daten										x	x	x	x	x	x	x	x	x	x	x	x	x	x		
Diskussion der Be-funde																						x	x	x	
Überarbeiten																						x	x	x	x
Druck/Abgabe der Ar-beit																									x

1 = Recherche / Befragung / Erhebung in Land 1 (mögliche Zeiträume)
2 = Befragung / Erhebung in Land 2 (mögliche Zeiträume)

Beispiel 7: Zeitplan für eine empirische Untersuchung (Tabelle nach Tätigkeiten differenziert)

Orientierungs- und Planungsphase	Internetrecherche, Kontaktaufnahme mit entsprechenden Vertreter*innen der Untersuchungsgruppe, Literaturlisten zusammenstellen Theoretische Vorarbeiten	Bereits geleistet
Recherche	Literatur beschaffen und auswerten, Recherche nach Untersuchungsteilnehmenden, Expert*innen-Befragung	4 Monate
Versuchsvorbereitung	empirischen Versuchsaufbau konzipieren, Fragebögen entwerfen, Untersuchungsgruppe befragen	2 Monate
Versuchsdurchführung	Versuch xy durchführen, zweite Befragung konzipieren, dokumentieren und auswerten	4 Monate
Versuchsauswertung	zweite Befragung, Auswertung der Fragebögen	3 Monate
Strukturierung des Materials	Versuchsbeschreibung und Ergebnisse formulieren, Bezüge herstellen zu den Ergebnissen der Literaturauswertung	3 Monate
Schreiben der Rohfassung	Schreibphase, evtl. Neuordnung der Gliederung	4 Monate
Überarbeiten des Geschriebenen	Übergänge glätten, roten Faden herstellen, Quellen- und Literaturverzeichnis prüfen, sprachliche Überarbeitung	3 Monate
Korrigieren und Layouten der Arbeit	Korrekturlesen (Orthografie, Grammatik, Überprüfen von Verweisen und Zitaten), Reinschrift und Layout	1 Monat

10.8 Die Gliederung

Manchmal wird verlangt, dem Exposé eine Gliederung der geplanten Dissertation beizufügen. In diesem Fall müssen Sie die Forschungsarbeit sozusagen im Voraus entwerfen und in eine Reihenfolge bringen. Dazu bringen Sie unter der Überschrift „Vorläufige Gliederung der Dissertation“ alle geplanten Inhalte der späteren Dissertation in eine Reihenfolge.

Es wird zwischen einer kommentierten und einer unkommentierten Gliederung unterschieden. Bei einer unkommentierten Gliederung listen Sie lediglich die Inhalte auf. Bei einer kommentierten Gliederung schreiben Sie zusätzlich zu jedem Gliederungspunkt einige Sätze, die beschreiben, worum es in dem jeweiligen Inhaltsbereich geht.

Für die Gliederung Ihrer Dissertation in Ihrem Exposé können Sie sich leicht an den üblichen Inhalten von Exposés orientieren, die ich Ihnen bereits vorgestellt habe.

> Falls Ihr Exposé eine vorläufige Gliederung Ihrer geplanten Dissertation enthalten soll, entwickeln Sie anhand der Inhalte, die Sie im Exposé beschreiben, die Gliederungspunkte. Sie müssen im Vorhinein noch nicht bis ins letzte Detail gliedern, denn manche Abläufe können Sie noch nicht kennen oder es ändern sich Inhalte im Laufe des Forschungsprozesses. Meist reicht eine grobe Gliederung aus, die die wesentlichen Inhaltsbereiche enthält.

Ich habe für Sie ein Beispiel einer kommentierten vorläufigen Gliederung einer Dissertation erstellt, an der Sie sich orientieren können, wenn Sie selbst eine entwerfen müssen. Sie können in der Tabelle ersehen, welche Elemente eine Gliederung haben sollte und was Sie ggf. bei der Kommentierung berücksichtigen müssen.

Tabelle 5: Die Gliederung der Dissertation im Exposé darstellen

1	Einleitung	Hier geben Sie einen Überblick über die Inhalte Ihrer Arbeit und definieren aus der vorhandenen Literatur die wesentlichen Begriffe.
2	Stand der Forschung	Hier explizieren Sie den aktuellen, für Ihr eigenes Forschungsanliegen wichtigen, Forschungsstand.
2.1 2.2 2.2.1 2.2.2	Stand der Forschung: Studien zu x Stand der Forschung: Studien zu y Stand der Forschung: Studien zu y1 Stand der Forschung: Studien zu y2	Hier geben Sie einen Überblick über die Ergebnisse von unterschiedlichen Untersuchungen, die für Ihr Forschungsanliegen von Interesse sind. In diesem Zusammenhang stellen Sie eine Forschungslücke bzw. einen Forschungsbedarf fest, mit der/dem Sie Ihre eigene Forschung begründen.
3	Theorieteil	Hier geben Sie einen Überblick, welche theoretische Einbettung Ihre Arbeit hat.
3.1 3.2 3.3	Theorien Bereich A Theorien Bereich B Theorien Bereich C	Hier stellen Sie einzelne Theorien vor und begründen Ihre theoretische Einbettung.
4 4.1 4.2	Fragestellung Forschungslücke/Forschungsbedarf ggf. Vorannahmen/Hypothesen	Hier formulieren Sie, welche wissenschaftliche Fragestellung Ihre Arbeit hat. Begründen Sie Ihre Fragestellung durch die Forschungslücke/den Forschungsbedarf und entwickeln Sie ggf. Hypothesen.
5	Forschungsmethoden	Hier stellen Sie vor, welche Methoden Sie wählen, um Ihrer Forschungsfrage nachzugehen.
5.1 5.2 5.3	Auswahl der Methoden Methode x Methode y	Hier begründen Sie Ihre Methodenwahl, ggf. mit der Abwägung der Vor- und Nachteile einzelner Methoden
5.4	Untersuchungsdesign	Hier schildern Sie Ihre empirische Untersuchung und begründen Ihr Vorgehen.

6	Auswertung der erhobenen Daten	Hier schildern Sie, wie Sie die erhobenen Daten auswerten wollen und auf welche Methoden und Hilfsmittel (Software) Sie dabei zurückgreifen wollen.
6.1 6.1.1 6.1.2 6.1.3	Darstellung der Ergebnisse Ergebnisse Untersuchungsgruppe 1 Ergebnisse Untersuchungsgruppe 2 Ergebnisse Untersuchungsgruppe 3	Hier geben Sie einen Überblick über die Ergebnisse bzw. wie Sie mit den Ergebnissen umgehen, bzw. diese auswerten möchten.
6.2	Interpretation der Ergebnisse	Hier führen Sie aus, was die Ergebnisse bezogen auf Ihre Forschungsfrage(n) und Hypothesen bedeuten.
7 7.1 7.2	theoretische Reflexion der Ergebnisse Diskurs 1 Diskurs 2	Hier beschreiben Sie, wie Sie die Ergebnisse Ihrer Untersuchung an die Theorien rückkoppeln wollen.
8	Fazit/Ausblick/weiterer Forschungsbedarf	Hier formulieren Sie, inwiefern die Forschungslücke geschlossen werden konnte. Und Sie geben einen Ausblick, wozu die Daten nützlich sind bzw. wo sich weiterer Forschungsbedarf zeigt.
Anhang	Abbildungs- und Tabellenverzeichnis, Glossar, zum Teil auch die Erhebungsinstrumente wie Leitfäden und Fragebögen	Hier geben Sie an was in den Anhang Ihrer Arbeit gehört.
Literaturverzeichnis		

Weitere Gliederungspunkte Ihrer Dissertation könnten sein:

- Einführung
- Ausgangs- oder Problemlage
- Grundlagen
- Zielsetzung
- Aspekte und Diskurse
- Modelle
- Vergleich
- Experimente
- Materialien
- Diskussion
- Zusammenfassung

Versuchen Sie, ihre Gliederung so umfassend wie möglich zu konzipieren. Klarheit über die Reihenfolge der Inhalte bedeutet nämlich, dass Sie gut geplant haben und zügig losschreiben können.

10.9 Das Literaturverzeichnis

Jedem Exposé ist ein Literaturverzeichnis beizufügen. Es enthält alle im Exposé verwendeten Quellen.

Wichtig bei der Erstellung des Literaturverzeichnisses ist ein der Textart (Exposé) und dem Thema angemessener Inhalt und Umfang, d.h. ein Exposé benötigt kein 30-seitiges Literaturverzeichnis. Außerdem sollte die Literaturliste für ein Exposé den wissenschaftlichen Standards des Fachgebiets entsprechen. Sie müssen also wissen, was in Ihrem Fach üblich ist, insbesondere welche Formalitäten, z.B. Zitierweisen, Sie bei der Erstellung Ihrer Literaturliste beachten müssen.

Wenn Sie den Stand der Forschung und den theoretischen Rahmen in Ihrem Exposé ausführlich dargelegt haben, sollten Sie in diesem Rahmen auf verschiedene Autor*innen/Wissenschaftler*innen und deren Studien verwiesen haben. Diese für Ihr Forschungsvorhaben relevante Literatur ist im Literaturverzeichnis aufzuführen. Dazu gehören die wesentlichen Arbeiten der Vertreter*innen der verwendeten Theorien, der verwendeten Methoden und aller Forscher*innen, mit deren Forschungsergebnissen Sie die Relevanz Ihres geplanten Forschungsprojektes begründen.

Die Literaturliste eines Exposés enthält i.d.R. nur die von Ihnen tatsächlich verwendete Literatur.

Der Zweck eines Literaturverzeichnisses besteht auch darin, den Leser*innen bzw. Gutachter*innen zu zeigen, dass Sie über umfassende Kenntnisse des Themas verfügen, dass Sie alle wichtigen bisherigen Forschungsergebnisse berücksichtigt haben und dass der Umfang der verwendeten Literatur ausreichend und inhaltlich geeignet ist, die Dissertation zu verfassen.

FAQs zum Literaturverzeichnis

Darf ich Literatur, die ich nicht für das Exposé verwendet habe, in das Literaturverzeichnis aufnehmen?

Das ist nicht verboten, aber wozu? Die Darstellung des Forschungsstandes gibt Ihnen die Möglichkeit, die für Ihr Projekt relevante Literatur aufzuführen. Wenn Sie wissen, dass ein Standardwerk kurz vor der Veröffentlichung steht, können Sie darauf hinweisen, dass Sie es in Ihre weitere Forschung einbeziehen werden.

Wie lang sollte ein Literaturverzeichnis für ein Exposé sein?

Das kann man nicht pauschal sagen. Eine 30-seitige Literaturliste ist eher zu viel, eine halbseitige vielleicht zu wenig. Wichtig ist, dass die gesamte im Exposé verwendete Literatur enthalten ist und dass Sie die wichtigsten Studien und Theorien aufführen, die für Ihr Forschungsthema relevant sind. Wenn Sie den relevanten Stand der Forschung im Exposé wiedergegeben haben, haben Sie alle Literaturangaben im Text, die Sie dann in Ihr Literaturverzeichnis übertragen.

11 Besondere Formen von Exposés

Im letzten Kapitel habe ich Ihnen vorgestellt, wie ein ausführliches Exposé gestaltet werden kann. Nicht immer benötigen Sie jedoch sofort ein solch langes Exposé. Um Ihr geplantes Forschungsvorhaben bei einer möglichen Promotionsbetreuung vorzustellen und um diese als Betreuende Ihrer Promotion zu gewinnen, können Sie zunächst eine Ideenskizze verwenden. Das etwas umfangreichere KurzExposé dagegen wird z.B. von einzelnen Begabtenförderwerken bei der Bewerbung auf ein Stipendium verlangt. Erst wenn Sie auf der Basis dieses KurzExposés die nächste Auswahlrunde erreichen, werden Sie aufgefordert werden, ein längeres Exposé einzureichen. Eine weitere Besonderheit ist das Exposé für die kumulative Promotion. Das ist ebenfalls hier beschrieben.

11.1 Die Ideenskizze

Eine Ideenskizze ist ein kurzes Papier, das als Grundlage für ein erstes Gespräch über das geplante Promotionsvorhaben dient. Manche Promovierende möchten zu Beginn noch nicht zu viel von ihrer Promotionsidee preisgeben, weil sie befürchten, dass das Thema jemand anderem als Anregung dient und sie dann ihr eigenes Thema nicht mehr bearbeiten können. Auch in diesem Fall könnte ein erster Schritt eine Ideenskizze sein, in der Sie darlegen, welche Ideen Sie haben und wie Sie diese umsetzen wollen. Machen Sie Stichpunkte zu den Fragen, WAS Sie WIE und WO machen wollen:

- welches Thema interessiert Sie?
- was ist der Stand der Forschung zu diesem Thema?
- wo sind Forschungslücken und welche Fragestellung für Ihre Arbeit leiten Sie daraus ab?
- welche Theorien und welche Methoden könnten sich für Ihre Forschung eignen?
- haben Sie vielleicht schon erste Ideen für eine mögliche empirische Untersuchung?

Eine Ideenskizze kann die Grundlage für ein erstes Gespräch mit der (potenziellen) Promotionsbetreuung sein. Sie muss nicht fertig ausformuliert sein, soll aber schon einen guten Überblick darüber geben, was Sie in Ihrem Promotionsprojekt vorhaben.

Der Umfang der Ideenskizze bleibt Ihnen überlassen. Wenn die Ideenskizze als Grundlage für ein erstes Informationsgespräch dienen soll, ist es sinnvoll, sie so kurz zu halten, dass sie von der potenziellen Betreuungsperson kurz vor oder während des Gesprächs gelesen werden kann. Sie sollte außerdem so übersichtlich gestaltet sein, dass während des Gesprächs auf die einzelnen Punkte Bezug genommen werden kann.

Das bedeutet, dass Sie die wesentlichen Informationen zum geplanten Promotionsvorhaben am besten in Stichpunkten formulieren und vor allem lange Schachtelsätze vermeiden.

Nach dem Gespräch mit der/dem Betreuer*in und wenn Sie diese/diesen (hoffentlich) von Ihrer Idee überzeugt haben und Ihr Promotionsvorhaben grünes Licht bekommen hat, dient die Ideenskizze als Grundlage für die Ausarbeitung des Promotionsvorhabens.

11.2 Das Kurzexposé

Ein Kurzexposé beträgt i.d.R. zwei bis drei Seiten und sollte alle wesentlichen inhaltlichen Informationen zum Promotionsprojekt beinhalten. Weil Sie zwar dieselben Inhalte anführen müssen wie in einem langen Exposé, Sie aber was den Umfang angeht, sehr eingeschränkt sind, ist es etwas schwieriger zu konzipieren als das umfangreichere Exposé. Hilfreich ist, wenn das längere Exposé schon fertig ist Sie auf dieser Basis eine kürzere Version erstellen können.

Überlegen Sie, bevor Sie ein Kurzexposé verfassen, wie Sie Ihr geplantes Promotionsprojekt einer Person vorstellen möchten, die allerhöchstens fünf Minuten Zeit hat und die Sie für Ihr Vorhaben begeistern wollen. Um die Wirkung Ihres Exposés dann in der Praxis auszuprobieren, stellen Sie Ihr Promotionsprojekt einem Freund bzw. einer Freundin vor. Günstig wäre es zudem, wenn Sie Ihr Promotionsprojekt einer Person, die in dem Forschungsfeld arbeitet, vorstellen.

Ein Kurzexposé sollte darüber aufklären und begründen, *WAS* Sie in Ihrem Promotionsprojekt *WARUM*, *WIE* machen wollen. Dementsprechend sollte das Kurzexposé folgende Inhalte enthalten:

WAS: Einleitung/Zusammenfassung

Hier fassen Sie Ihr Thema kurz zusammen, indem Sie aus Ihrer Themeneingrenzung (vgl. „Themeneingrenzung“ ab S. 95) eine kurze Einführung zusammenstellen. Formulierungen könnten sein:

- die geplante Dissertation beschäftigt sich damit, wie …
- in der geplanten Dissertation wird untersucht …
- die geplante Dissertation analysiert …
- in dem Forschungsprojekt soll herausgefunden werden …
- in der geplanten Dissertation wird das Thema …
- im geplanten Promotionsprojekt wird folgender Erkenntnisgewinn erwartet …

WARUM: Stand der Forschung

Hier begründen Sie die wissenschaftliche Relevanz Ihres Forschungsanliegens und stellen eine Forschungslücke vor, aus dem Sie den Bedarf Ihrer Forschung ableiten. Formulierungen könnten sein:

- Forschungsergebnisse zeigen, dass …
- Studien belegen, dass …
- X und y fanden heraus, dass …
- vorhandene Studien kommen zu dem Ergebnis …
- bisherige Untersuchungen konnten nicht erklären …
- vorhandenen Ansätzen liegt die Annahme zugrunde … die geplante Dissertation dagegen ...
- nach xy Studien kann davon ausgegangen werden, dass …

WIE: Theorie, Forschungsfrage, Methode

Hier beziehen sich die einzelnen Überschriften auf die theoretischen Vorüberlegungen bzw. auf die Grundlagen/Theorie, die Fragestellung und das methodische Vorgehen.

Sie sollten herausstellen, in welche Theorien Sie Ihr Promotionsprojekt einbetten wollen bzw. von welchen Theorien Sie sich abgrenzen. Formulierungen könnten sein:

- Zugrunde liegende theoretische Überlegungen des Forschungsprojektes sind ...
- den theoretischen Rahmen bilden …, weil …
- die theoretische Einbettung ist …
- theoretisch grenzt sich die geplante Dissertation von … ab …
- unter Einbeziehung der theoretischen Ansätze … wird der Frage nachgegangen …

Die Forschungsfrage sollte dabei deutlich dargestellt werden!

- die Forschungsfrage lautet: wie/warum …
- die forschungsleitende Frage der Dissertation ist …
- in der Dissertation soll die Frage beantwortet werden wie/was/warum …

Auch sollten Sie herausstellen, welche Methoden die Beantwortung der Fragestellung unterstützen sollen:

- folgende Erhebungs- und Auswertungsmethoden werden verwendet…
- methodisch ist die Arbeit so angelegt, dass …
- das Untersuchungsdesign bildet sich aus …

Ein Kurzexposé ist nicht einfach nur eine Auflistung dessen, was in der Dissertation geplant ist. Es sollte auch Begründungen und Schlussfolgerungen liefern.

Verwenden Sie deshalb auch folgende Formulierungen: Weil – daraus folgt – um dieses einzuordnen – im Anschluss daran – darauf aufbauend wird – in der Annahme, dass – im Kontrast dazu – daraus ergibt sich.

11.3 Das Exposé für ein Stipendium

Zum Stipendienantrag ist in den anderen Kapiteln schon einiges gesagt worden, ich möchte hier noch einmal das Wichtigste zusammenfassen.

Die meisten Promotionsstipendien in Deutschland werden von den Begabtenförderungswerken vergeben. Darüber hinaus vergeben private Stiftungen, Universitäten oder einzelne Fakultäten Stipendien (siehe Kapitel Finanzierung ab Seite 49).

Das Exposé ist neben Zeugnissen und sonstigen Nachweisen elementarer Bestandteil der Bewerbungsunterlagen für ein Promotionsstipendium. Je nach Stipendiengeber*in gibt es unterschiedliche Anforderungen an Aufbau, Formatierung und sonstige Gestaltung des Exposés. Bevor Sie mit der Arbeit an Ihrem Exposé beginnen, sollten Sie daher gründlich recherchieren, welche Anforderungen Ihr Exposé erfüllen muss.

Recherchieren Sie gründlich, welche Vorgaben die jeweiligen Stipendiengeber*innen für die Gestaltung des machen. Halten Sie sich unbedingt an diese formalen Vorgaben!

Wie ein Exposé für ein Stipendium genau aufgebaut sein muss, welche Kapitel und Inhalte es haben sollte und wie umfangreich es sein darf, erfahren Sie auf den Internetseiten der jeweiligen Organisationen oder unter stipendiumplus.de. Dort finden Sie auch eine Auflistung der weiteren Unterlagen, die für die Bewerbung erforderlich sind. Häufig wird neben dem Exposé auch ein Gutachten der Promotionsbetreuung verlangt. Darin werden unter anderem die wissenschaftliche Relevanz Ihres Vorhabens, der Nutzen der zu erwartenden Ergebnisse und Ihre persönliche Eignung zur Durchführung des Vorhabens herausgestellt.

Im Rahmen des Antragsverfahrens wird das Exposé von externen Gutachter*innen bewertet, die von der jeweiligen Stiftung benannt werden. Als Expert*innen des jeweiligen Forschungsfeldes beurteilen sie die Bedeutung des Dissertationsvorhabens für die jeweilige Disziplin, die Durchführbarkeit auch unter Berücksichtigung des Arbeits- und Zeitplans, prüfen Methoden und Verfahren der geplanten Forschungsarbeit und weisen auf Potenziale und Grenzen des Vorhabens hin.

Adressat*innen des Exposés, das Sie im Rahmen einer Bewerbung um ein Stipendium verfassen, können somit eine oder mehrere Personen sein, die einen unterschiedlichen Fokus auf die Begutachtung legen. Neben der Relevanz, der Machbarkeit und der Bedeutung des geplanten Projekts für die Wissenschaft und die Fachdisziplin müssen die Bewerber*innen in das Profil der jeweiligen Stiftung passen.

> Das Exposé für ein Stipendium soll die Stipendiengeber*innen, also z.B. Begabtenförderwerke sowie private und öffentliche Stiftungen, davon überzeugen, dass Ihr Promotionsprojekt einen wichtigen, wissenschaftlichen Erkenntnisgewinn birgt und mit den Werten, Zielen und Überzeugungen der jeweiligen Stiftungen übereinstimmt.

Die Auswahlausschüsse der Stiftungen oder anderer Stipendiengeber*innen sind häufig heterogen zusammengesetzt, d.h. einige Mitglieder der Ausschüsse sind Wissenschaftler*innen. Die Ausschüsse können aber auch aus anderen Personen bestehen, die die Interessen der Stiftungen vertreten. Da das Exposé dazu dient, die Adressat*innen vom eigenen Promotionsvorhaben zu überzeugen, ist es wichtig, dass das Exposé einerseits wissenschaftlich aussagekräftig ist und sich andererseits, soweit inhaltlich möglich, an den Schwerpunkten der jeweiligen Stiftungen orientiert.

> Das Exposé für ein Stipendium wird von unterschiedlichen Personen mit unterschiedlichen Zielen gelesen. Es muss daher in der Fachsprache der Disziplin verfasst sein, die wissenschaftlichen Erkenntnisse der Fachdisziplin enthalten und andererseits so verständlich verfasst sein, dass das Dissertationsprojekt für *alle* Entscheider*innen der Auswahlausschüsse interessant ist und förderwürdig erscheint, indem Sie auch den Nutzen

des zu erwartenden Erkenntnisgewinns deutlich und verständlich herausheben.

Fördermittel sind knapp und die Bewerber*innen-Zahlen auf Stipendien hoch! In diesen Zeiten großer Konkurrenz lohnt es sich, nur ein wirklich durchdachtes Exposé abzuschicken.

FAQs zum Exposé für ein Stipendium

Was passiert, nachdem ich mein Exposé für ein Stipendium eingereicht habe?

Es wird geprüft, ob die erforderlichen Unterlagen vollständig eingereicht wurden und ob Ihr Exposé den formalen Anforderungen entspricht. Sofern alles in Ordnung ist, wird ein weiteres Gutachten einer oder mehrerer Gutachter*innen (Vertrauensdozent*innen) der Stiftungen angefordert. Kommen auch diese zu dem Ergebnis, dass Ihr Promotionsvorhaben gut geplant ist, spannende wissenschaftliche Erkenntnisse verspricht und Sie dem Förderprofil der Stiftung entsprechen, entscheidet ein Auswahlausschuss über die Vergabe des Stipendiums.

Darf ich mich mit dem gleichen Exposé bei mehreren Stiftungen bewerben?

Wenn das Exposé den formalen Anforderungen der verschiedenen Stiftungen entspricht, können Sie sich mit diesem grundsätzlich bei mehreren Stiftungen bewerben. Wenn Sie Ihr Exposé zunächst bei einer und dann bei einer anderen Stiftung einreichen wollen, kann es jedoch sinnvoll sein, das Exposé zwischenzeitlich auf Erkenntnisfortschritte und entsprechenden Überarbeitungsbedarf zu überprüfen.

11.4 Das Exposé für eine kumulative Promotion

Bei einer kumulativen Dissertation werden mehrere Artikel in Fachzeitschriften veröffentlicht und zu einem Gesamtdokument, der Dissertation, zusammengefasst. Auch hier müssen, wie bei einem Exposé für eine Monographie, zunächst die Anforderungen geklärt werden. So sollte anhand der Vorgaben der Promotionsordnung geprüft werden, wie viele Publikationen erforderlich sind und wie viele dieser Publikationen einem Peer-Review-Verfahren unterzogen werden müssen. Die Promotionsordnung gibt auch Auskunft darüber, in welchen Zeitschriften die einzelnen Artikel zu veröffentlichen sind bzw. ob es diesbezüglich Vorgaben gibt. Ebenso ist ersichtlich, welchen Status die Artikel haben sollen, z.B. ob alle Artikel erst zur Veröffentlichung angenommen –

oder bereits veröffentlicht – werden sollen. Ein weiterer wichtiger Punkt ist die Autorenschaft der einzelnen Publikationen, z.B. wie viele der Publikationen in Alleinautor*innenschaft oder mit Koautor*innen verfasst werden sollen.

Möglicherweise enthält die Promotionsordnung sogar Vorgaben für den Aufbau einer kumulativen Dissertation, etwa ob sie einen Rahmentext/eine Synopse und/oder eine Zusammenfassung enthalten soll und ggf. wie viele Seiten diese Texte beinhalten sollen.

Aufbau des Exposés für die kumulative Dissertation

Das Exposé für eine kumulative Dissertation sollte neben den üblichen Inhalten eines Exposés wie Forschungsstand und Fragestellung auch einen Publikationsplan enthalten. Alle für die Dissertation geplanten Publikationen müssen im Exposé konzipiert und beschrieben werden.

Der Forschungsstand vor dem Publikationsplan ist letztlich der Plan, wie die Synopse bzw. der Rahmentext aussehen soll. Es zeigt auf, wie Sie Ihr Dissertationsvorhaben in der Disziplin bzw. Teildisziplin und insbesondere im Forschungsfeld verorten. In den Abschnitten der einzelnen Publikationen des Publikationsplans kann der Forschungsstand dann noch konkreter ausgearbeitet werden. Vor dem Verfassen des Exposés sollten Sie sich überlegen, ob Sie den gesamten Forschungsstand dem Publikationsplan voranstellen oder ob Sie einen allgemeinen Forschungsstand voranstellen und für jede der geplanten Publikationen einen differenzierten Forschungsstand erarbeiten. Da auch eine kumulative Dissertation einen roten Faden haben muss, empfiehlt sich dieses Vorgehen.

Die Gliederung für ein Exposé für eine kumulative Promotion sähe dann wie folgt aus:

1. Einleitung: kurz, wie im allgemeinen Exposé-Teil beschrieben
2. Forschungsstand: allgemein, Forschungsfeld zu allen geplanten Publikationen
3. Publikationsliste: Dabei wird jede Publikation einzeln beschrieben, einzelne Forschungsprojekte mit ihrem Forschungsstand, Theorien, Methoden usw. Hier werden dann auch bereits Ko-Autor*innen benannt.
4. Am Ende dann die Literaturliste, sowie der Arbeits- und Zeitplan.

FAQs zum Exposé für eine kumulative Dissertation

Muss ich alle Publikationen im Exposé im Voraus planen?

Ja, im Exposé müssen alle Publikationen geplant werden. Es ist jedoch ratsam, nur die geforderten Publikationen zu beschreiben. Auch wenn die Anzahl der

Publikationen während der Promotionsphase letztlich anders sein kann als ursprünglich geplant, sollten nur die in der Promotionsordnung geforderten Publikationen im Exposé aufgeführt werden. Auch wenn ein Exposé sehr wichtig ist, sollte es nicht umfangreicher sein als erforderlich.

Was ist, wenn ich die Anzahl der Publikationen noch nicht kenne?

Die in der Promotionsordnung geforderten Publikationen müssen im Exposé aufgeführt werden. Wenn Sie noch nicht alle Publikationen geplant haben, können Sie das Exposé noch nicht einreichen. In diesem Fall ist ein Gespräch mit der Promotionsbetreuung für die weitere Planung sinnvoll.

Gehört die Literatur in den Publikationsplan?

In den meisten Fällen reicht es aus, die Literatur in einem Literaturverzeichnis im Anhang des Exposés aufzuführen, wie Sie es auch bei einer Monographie tun würden. Zur Sicherheit sollten Sie die Vorgaben der Promotionsordnung konsultieren oder ggf. noch einmal bei der/dem Betreuer*in nachfragen. Achten Sie darauf, dass Sie die Literatur, die Sie im Forschungsstand und im Publikationsplan verwendet haben, in das Literaturverzeichnis aufnehmen.

Teil 3

Was für eine Promotion sonst noch wichtig ist

12 Zeitmanagement – Software und Ratgeber

Das Promovieren ist ein mehrjähriger Prozess, bei dem es notwendig und hilfreich ist, einen Überblick über bereits absolvierte und noch ausstehende Arbeitsschritte zu behalten. Um den Promotionsprozess übersichtlich zu gestalten, gibt es verschiedene Möglichkeiten und unterschiedliche Hilfsmittel. Im Folgenden möchte ich Ihnen verschiedene Tools vorstellen, die Ihnen den Überblick über den Zeitraum des gesamten Promotionsprozesses und die Verwaltung der Literatur ermöglichen.

12.1 Das Zeitmanagement in der Promotionsphase

Eine wesentliche Anforderung an Promovierende ist das Herstellen einer Balance, die darin besteht, höchst unterschiedliche Lebensbereiche miteinander zu vereinbaren. Denn meistens werden in der Promotionszeit die Promotionsarbeit mit anderen, oft zeitintensiven Anforderungen verknüpft, beispielsweise mit der Erwerbsarbeit (extern oder im Lehrstuhl bzw. im Forschungsprojekt), der Familien- oder Pflegearbeit, der Lehre, eigenen Weiterbildungen, der Arbeit an Publikationen und der Teilnahme an Tagungen. Nicht zu vergessen sind auch die wichtigen Erholungszeiten und die Pflege von Verwandtschaften, Freundschaften und Hobbies.

> Eine gute Zeitplanung ist in der Promotionsphase unerlässlich. Nutzen Sie bereits zu Beginn Ihrer Promotionsphase Zeitmanagement-Tools, um einerseits einen Überblick über die gesamte Promotionsphase zu er- und zu behalten, sowie die Möglichkeit, Aufgabenpakete zu planen.

Nachfolgend werden zwei für die Promotionsphase wirkungsvolle Methoden zum Zeitmanagement vorgestellt. Neben diesen beiden Methoden gibt es aber natürlich noch andere Zeitmanagementmethoden, die Sie unter den Stichworten „Salami-Taktik“, „Pareto-Prinzip“ oder „ABC-Analyse“ recherchieren können. Wichtig ist hier, dass Sie solche Zeitmanagementmethoden auswählen, die zu Ihnen und Ihren Zielen passen. Das bedeutet, dass Sie vielleicht etwas herumprobieren müssen, bis Sie die für Sie geeignete Methode zum Zeitmanagement gefunden haben. Das Prinzip von Zeitmanagement ist immer ähnlich: Es werden Ziele definiert, Prioritäten gesetzt und Teilaufgaben identifiziert. Dann wird der Arbeitsaufwand veranschlagt und Erfolge kontrolliert.

Zeitmanagementmethode: Die 1-3-5-Methode für Promovierende

Die Idee: Nehmen Sie sich am Anfang oder am Ende jeder Woche (oder an jedem Morgen) einen Moment Zeit, um zu überlegen, wann welche Aufgabe zu erledigen ist. Teilen Sie Ihre Projekte in machbare Einheiten auf! Planen Sie für jeden Tag **1 große Aufgabe**, **3 mittlere Aufgaben** und **5 kleine Aufgaben** und schreiben Sie sie in die Tabelle. Arbeiten Sie dann alle Aufgaben nacheinander ab. Mittels der Liste können Sie dann am Ende jeden Tages (oder der Woche) überprüfen, ob Sie alle Ziele erreicht haben.

Montag	**Dienstag**	**Mittwoch**	**Donnerstag**	**Freitag**	**WE**
.	.	.	.	.	Das Wochenende ist zur Erholung da ;-)
. . .	. . .	. . .	. . .	. . .	
. . . . .	. . . . .	. . . . .	. . . . .	. . . . .	

Das Arbeitsblatt ist Teil des Zeitplan-Bundles von Coachingzonen

Zeitmanagementmethode: Zeit managen nach dem Eisenhower-Prinzip

Diese Methode des Zeitmanagements wurde angeblich von Dwight D. Eisenhower (1890–1969) entwickelt. Sie ist in zahlreichen Zeit-, Selbst- und Projektmanagementbüchern und vielfach im Internet zu finden. Wie sie genau auf Eisenhower zurückzuführen ist, konnte ich bisher nicht klären. Ich stelle sie hier zur Illustration als Methode zum Promotionsmanagement vor:

Zunächst wird eine Liste erstellt, die alle Aufgaben aufführt, die Sie in einer bestimmten Zeit, z.B. einer Woche, einem Monat oder einem Jahr erledigen wollen/müssen. Auf diese Liste gehören alle Tätigkeiten, die für die Dissertation zu erledigen sind, sowie alle anderen privaten oder beruflichen Tätigkeiten, die erfahrungsgemäß in dieser Phase ebenfalls anfallen werden, oder geplant sind.

Für die Feinplanung bietet sich an, den Zeitraum nicht allzu lang zu stecken, da bei einem größeren Zeitraum die Planung weniger konkret werden kann. Wichtig für die Promotionsphase ist es jedoch, sowohl eine grobe, langfristige Planung als auch eine sehr konkrete Planung z.B. einzelner Monate oder sogar Wochen zu erstellen. So kann es sinnvoll sein, zunächst einen Jahres- und dann davon ausgehend einen Monatsplan und dann einen Wochenplan zu machen.

Ausgehend von einem Koordinatenkreuz mit Wichtig (Y) und Dringend (X) wird eine Tabelle erstellt (s.u.). Die vier Felder der Tabelle werden, wie untenstehend aufgeführt, beschriftet:

- Wichtig, aber nicht so dringend
- Wichtig UND dringend
- Nicht wichtig und auch nicht so dringend
- Weniger wichtig und trotzdem dringend

Dann nehmen Sie die Liste mit Ihren Aufgaben bzw. geplanten Tätigkeiten und ordnen die einzelnen Tätigkeiten in diese vier Felder ein. Überlegen Sie genau, wie dringend im Sinne von „eilig" die geplanten Tätigkeiten sind. Überlegen Sie auch wie wichtig diese Tätigkeiten für ihr gestecktes Ziel sind, ob Sie diese Tätigkeiten im Hinblick auf eine Erreichung Ihres Ziels wirklich machen wollen oder unbedingt müssen. Im nächsten Schritt machen Sie eine To-Do-Liste und arbeiten Sie diese ab.

- Terminieren und planen Sie Aufgaben aus dem „Wichtig, aber nicht so dringend"-Feld.
- Erledigen Sie sofort alle Tätigkeiten, aus dem „Wichtig UND Dringend"-Feld.
- Überlegen Sie, ob Sie auf die die Tätigkeiten aus dem „Nicht wichtig und auch nicht so dringend"-Feld wirklich brauchen und ob auf Sie

auf diese Tätigkeiten – und wenn es auch nur für die Promotionszeit ist – verzichten können.

- Die Tätigkeiten aus dem „Weniger wichtig und trotzdem dringend"-Feld müssen Sie i.d.R. nicht selbst machen und können überlegen, diese an Unterstützer*innen zu delegieren oder, je nach finanziellen Möglichkeiten, auch gegen Bezahlung in Auftrag geben, z.B. Transkriptionen, Layout, Lektorat.

Tabelle 6: Die Eisenhower-Methode

Wichtig, aber nicht so dringend	Wichtig und dringend
Terminieren/für später einplanen	Sofort erledigen
Nicht wichtig und auch nicht so dringend	**Weniger wichtig und trotzdem dringend**
Evtl. in den Papierkorb?	Delegieren oder absagen?

Es folgt ein Beispiel dafür, wie die Arbeiten in der Promotionsphase eingeteilt werden könnten. Das Beispiel muss von Ihnen natürlich individuell angepasst und um andere, wichtige Tätigkeiten z.B. Familienarbeit etc. ergänzt werden. Auch die Kriterien, die Tätigkeiten in die einzelnen Felder einzuordnen, mögen für Sie ganz andere sein:

Tabelle 7: Das Eisenhower-Prinzip als Methode des Promotionsmanagements

Wichtig, aber nicht so dringend	Wichtig und dringend
Schreiben eines Aufsatzes, Diss. abgeben Unterlagen zur Zulassung beim Promotions-ausschuss einreichen	Arbeit an der Dissertation, Besuch des Kolloquiums, Lehrveranstaltungen vorbereiten, Gespräch mit der Promotionsbetreuung
Nicht wichtig und auch nicht so dringend	Weniger wichtig und trotzdem dringend
Ggf. Tagungsbesuche von Tagungen angrenzender Fachdisziplinen, Rezensionen schreiben Promovierendenstammtisch	Transkribieren, Layouten, (z.B. Tätigkeiten der Diss., die Sie nicht unbedingt selbst machen müssen) Deadline für ein Call for Paper

Auch hier gilt, dass Sie Ihr Zeitmanagement regelmäßig überprüfen und neu formulieren. So haben Sie stetig einen Überblick über die dringend und weniger dringend zu erledigen Aufgaben und können sowohl Ihre Arbeit an der Dissertation als auch Ihre anderen Tätigkeiten besser steuern. Insgesamt trägt dies zu einer deutlich besseren Work-Life-Balance bei, vor allem, wenn Sie auch private Termine einbeziehen!

12.2 Literaturverwaltungsprogramme

Wenn Sie bisher noch nicht die Notwendigkeit gesehen haben, mit einer Literaturverwaltungssoftware zu arbeiten, dann ist die Phase der Arbeit an Ihrem Exposé genau richtig, um damit anzufangen. So können Sie bereits erste Erfahrungen mit einem Literaturverwaltungsprogramm erwerben, um es später auch problemlos in Ihrer Promotionsphase zu nutzen.

Im Rahmen Ihrer Arbeit an Ihrer Dissertation werden Sie höchstwahrscheinlich über einen längeren Zeitraum große Mengen an Literatur verwalten müssen. Sie sollten deshalb auch nach zwei bis drei Jahren noch überblicken können, wo welche Literatur zu finden ist und welche Informationen Sie aus welchem Buch bzw. welchem Artikel gewonnen haben. Hier kann eine Software sehr nützlich sein, die Ihnen bei der Verwaltung Ihrer Literatur hilft.

Literaturverwaltungsprogramme sind üblicherweise datenbankgestützt und können auf verschiedenen Gebieten von hohem Nutzen sein. Mit ihrer Hilfe:

- kann Wissen gemanagt werden, z.B. in Themenbäumen, Verweisen etc.

- können Zitate in Texte eingefügt und mit Literaturangaben verlinkt werden
- können wörtliche und indirekte Zitate verwaltet werden
- können Aussagen zu bestimmten Themen gesammelt und verwaltet werden
- können Literaturverzeichnisse erstellt werden

Welche Software Sie für Ihre Literaturverwaltung am besten nutzen ist vor allem davon abhängig, welches Textverarbeitungsprogramm Sie benutzen. Sie sollten sich jedoch auch über die Kosten dieser Programme informieren. Vielleicht wird eine bestimmte Literaturverwaltungssoftware günstig von Ihrer Universitätsbibliothek angeboten inklusive der Schulungen im Umgang damit, bzw. der Beratung bei Problemen und Fragen?

Ich habe hier die wichtigsten Literaturverwaltungsprogramme für Sie aufgeführt:

BibTeX ist ein Literaturverwaltungsprogramm, das mit LaTex zu verwenden ist. Es wird oft von z.B. Informatiker*innen oder Mathematiker*innen verwendet. www.bibtex.org/

Bibliographix ist ein kostenloses Programm zur Literaturverwaltung für Windows und Mac. www.bibliographix.de/

Citavi ist ein Literaturverwaltungsprogramm, mit dem Literatur recherchiert und verwaltet werden kann. Außerdem können auch Zitate in unterschiedlichen Formen organisiert und Texte strukturiert werden. Citavi kostet momentan um die 100€ als Einzellizenz, wird aber an vielen Universitäten für Studierende und Promovierende über die Universitätsbibliothek verbilligt oder kostenlos angeboten. www.citavi.de/

Endnote ist ein Literaturverwaltungsprogramm, mit dem online Literatur gesucht und über eine Datenbank verwaltet werden kann. Auch wissenschaftliche Fachdatenbanken lassen sich abfragen. Eine Einzellizenz für Mac & Windows kostet momentan um die 200€, die Lizenz für Studierende und Promovierende ist aber möglicherweise günstiger. www.endnote.com

Litlink ist ein Programm, welches sich besonders für Geschichts-, Kultur- und Sozialwissenschaftler*innen eignet. Hier ist es möglich, nicht nur Literatur, sondern auch Archivalien, Bilder und sonstiges zu verwalten und zu sortieren. Es ist kostenfrei und sowohl für Windows als auch für Mac geeignet. www.litlink.ch/

Zotero ist ein kostenloses Add-on zum Sammeln, Verwalten und Zitieren von Quellen. Zotero leistet neben Literaturverwaltung auch Wissensmanagement. zotero.org

Recherchieren Sie, ob es ein Literaturverwaltungsprogramm gibt, das in Ihrem Fach üblicherweise verwendet wird. Möglicherweise ist es für die Art von Quellen, die Sie üblicherweise in diesem Fach benutzen z.B. Bilder, besonders geeignet. Von den kostenpflichtigen Programmen gibt es oftmals auch Testversionen, mit denen Sie ausprobieren können, ob sich ein Programm für Ihre Zwecke eignet.

FAQ Literaturverwaltung

Nach welchen Kriterien wähle ich ein Literaturverwaltungsprogramm aus?

Am besten informieren Sie sich darüber, welche Software in Ihrer Fachdisziplin üblich ist und welche Erfahrungen Ihre Kolleg*innen oder andere Promovierende mit Literaturverwaltungssoftware gesammelt haben. Wenn Sie mit anderen zusammenarbeiten wollen, sollten Sie ein Programm wählen, das eine gemeinsame Literaturverwaltung oder die Literaturverwaltung im Team ermöglicht. Letztlich ist aber entscheidend, ob Sie sich mit der Software wohlfühlen und Ihnen die Handhabung gefällt, denn nur dann werden Sie sie gerne und viel nutzen und sie wird Ihnen eine echte Hilfe sein.

Einen Überblick und weitere Inspirationen zu Tools in der Promotionsphase finden Sie unter: https://coachingzonen-wissenschaft.de/literatur-fuer-die-promotion/

Teil 4

Anhang

13 Glossar

Hier finden Sie die wichtigsten Begriffe des Promovierens in alphabetischer Reihenfolge:

Disputation

Mit der Disputation verteidigen Sie nach dem Begutachtungsprozess Ihre Arbeit. Oft besteht die Disputation aus einem Vortrag und anschließenden Fragen durch die Promotionskommission. Wie genau die Disputation abläuft, ob Sie z.B. einen Vortrag vorbereiten müssen oder Thesen vorlegen, wie lange die Disputation dauert und wie sich die Note auf Ihre Promotionsnote auswirkt steht in der Promotionsordnung.

Dissertation

Die Dissertation ist die schriftliche Arbeit, die Doktorarbeit. Die Dissertation ist nur ein Teil der Promotion. Die gesamte Promotion besteht aus Dissertation, Disputation und Publikation. Die Dissertation kann als Monographie oder als publikationsbasierte (kumulative) Dissertation eingereicht werden.

Doktorgrad

Als Doktorgrad wird der akademische Grad bzw. der akademische Abschluss der Promotion bezeichnet, z.B. Dr. phil., Dr. jur., Dr. med. In Deutschland können unterschiedliche Doktorgrade verliehen werden, welcher Doktorgrad für eine Dissertation verliehen wird, entnehmen Sie der jeweiligen Promotionsordnung. Überblick über Doktorgrade: https://coachingzonen-wissenschaft.de/doktortitel-doktorgrad/

Eröffnung des Promotionsverfahrens

Das Promotionsverfahren wird durch die Einreichung der fertigen Dissertation eröffnet. Die Gutachter*innen werden durch den Promotionsausschuss bestellt, das weitere Verfahren (Begutachtung, hochschulöffentliches Ausliegen) nimmt seinen Lauf. Ein Rückzieher ist ab hier nicht mehr möglich. Sollte die Dissertation schlecht bewertet werden, die Annahme wegen schlechter Qualität durch die Gutachter*innen verweigert, kann sie nicht mehr an einer anderen Universität eingereicht werden.

Externe Promotion

Als externe Promovierende werden häufig diejenigen Personen bezeichnet, die nicht als Beschäftigte der Universität promovieren, sondern in Unternehmen beschäftigt sind, und die nur durch die Promotion an die Universität angebunden sind. So können auch Stipendiat*innen bezeichnet werden oder Promovierende, die an einer anderen Universität arbeiten als der, an der Sie promovieren (siehe ab S. 59).

Fachfremde Promotion

Unter einer fachfremden Promotion ist eine Promotion in einem anderen als dem bisher studierten Fach zu verstehen. Es kann problematisch sein, in einem bisher fremden Fach zu promovieren, da die Zugangsvoraussetzungen zur Promotion vermutlich nicht erfüllt sind, d.h. es müssen noch promotionsvorbereitende oder promotionsbegleitende Leistungen in Form von Studienleistungen/Credits erbracht werden. In der Regel ist es einfacher, in dem Fach zu promovieren, in dem das Studium abgeschlossen wurde. Informationen zu den Promotionsvoraussetzungen und den zu erbringenden Leistungen finden Sie in den Promotionsordnungen.

Fast-Track-Promotion

Mit Fast-Track-Promotion ist eine Promotion gemeint, die direkt nach dem Bachelorabschluss bzw. ohne Abschluss einer üblichen Promotionsvoraussetzung wie einem Diplom- oder Masterabschluss geleistet wird. In der Praxis ist die Fast-Track-Promotion in vielen Fällen mit einem Promotionsstudium kombiniert. Das ist z.B. ein verkürzter Masterstudiengang, an den die Promotion anschließt. In diesem Fall wird z.B. statt der Masterarbeit ein PromotionsExposé verfasst und danach die Promotion begonnen. Vorausgesetzt wird oftmals die Teilnahme an einem Promotionskolleg bzw. an einem Graduiertenprogramm (siehe S. 36).

Kumulierte/Kumulative Dissertation

Als kumulierte Promotion wird eine Promotion bezeichnet, die nicht aus einer zusammenhängenden Forschungsarbeit, sondern aus mehreren Aufsätzen besteht. Dazu zählen Aufsätze, die in bestimmten relevanten Medien veröffentlicht wurden, z.B. in Fachzeitschriften. Ob eine kumulierte Promotion möglich ist bzw. wie viele Aufsätze für eine kumulierte Promotion zählen und in welchen Medien diese genau veröffentlicht sein müssen, schreibt die Promotionsordnung vor (siehe S. 37).

Mindestnote

Manche Promotionsordnungen setzen eine Mindestnote voraus. Diese findet sich in der Promotionsordnung. Ob eine Promotion in Ausnahmefällen bei Nichterfüllen der Mindestnote möglich ist und welche Voraussetzungen bestehen, entscheidet i.d.R. der Promotionsausschuss ggf. auch in Absprache mit der Promotionsbetreuung.

Promotionsbetreuung

Früher nannte man sie Doktorväter oder Doktormütter heute werden sie üblicherweise als Promotionsbetreuung bezeichnet. Als Promotionsbetreuende geben sie Feedback zum Promotionsprozess und unterstützen Sie fachlich. Nach Einreichung der Dissertation schreiben sie ein Gutachten, vergeben die Note und gehören zu der Kommission, die die Verteidigung Ihrer Arbeit (Disputation) oder die Promotionsprüfung (Rigorosum) abnimmt.

Promotionskommission

Neben den Promotionsbetreuenden gehören noch weitere Mitglieder zur Promotionskommission. Diese hat im Wesentlichen den Auftrag, bei der Disputation bzw. beim Rigorosum beizusitzen. Aus wie vielen Personen die Kommission besteht und wie sie zusammengesetzt ist, entnehmen Sie der Promotionsordnung.

Promotionsstudium

Manche Promotionsordnungen sehen vor, dass während der Promotion ein Promotionsstudium abzuleisten ist. Oft besteht es aus Veranstaltungen für Promovierende, bei denen Credit-Points oder andere Leistungspunkte erworben werden. Ob ein Promotionsstudium abzuleisten ist und welche Leistungen zu erbringen sind, entnehmen Sie der Promotionsordnung

Promotionsstrukturen

Mit Promotionsstrukturen sind Programme gemeint, in denen Promovierende im Verbund promovieren und unterstützt werden. Das können einerseits stark strukturierende Promotionsprogramme sein, wie z.B. DFG-Graduiertenkollegs, Graduiertenschulen, die z.B. fachliche Weiterbildung und Stipendien bieten, oder andererseits auch Promotionsprogramme der Universitäten/ Fakultäten, die nicht-verpflichtenden Workshops und Vernetzung anbieten.

Promotionsvereinbarung

Eine Promotionsvereinbarung wird üblicherweise zwischen Promovierenden, Promotionsbetreuenden und der Fakultät (Dekan*in) geschlossen. Sie regelt die Arbeitsbeziehung bezüglich der Promotionsphase. In vielen Universitäten ist sie verpflichtend. Sie lässt sich i.d.R. online herunterladen und muss mit dem Antrag zur Zulassung zur Promotion unterschrieben eingereicht werden. Nicht alle Promotionsordnungen sehen vor, dass eine Promotionsvereinbarung geschlossen werden muss.

Promotionsvorbereitende Leistungen

Promotionsvorbereitende Leistungen fallen i.d.R. an, wenn Sie sich z.B. aufgrund eines Fachhochschulabschlusses oder durch ein fachfremdes Studium mit zusätzlichen Studienleistungen zur Promotion qualifizieren müssen. Ob Sie promotionsvorbereitende oder promotionsbegleitende Studien bzw. Leistungen erbringen müssen, welche das sind und wie Sie sich zu dem Verfahren anmelden, steht i.d.R. in der Promotionsordnung.

Rigorosum

Das Rigorosum ist eine Prüfung nach Einreichung und Begutachtung der Dissertation. Entweder finden ein Rigorosum oder eine Disputation statt. Beim Rigorosum werden zusätzlich zum Dissertationsvortrag und anschließenden Fragen dazu eine bestimmte Anzahl von Fächern bzw. Fachgebieten mündlich geprüft. Ob eine Disputation oder ein Rigorosum stattfindet, entnehmen Sie der Promotionsordnung

14 LITERATURVERZEICHNIS

Belcher, Wendy Laura (2009): Writing your journal article in 12 weeks. A guide to academic publishing success. www.wendybelcher.com/pages/Writing_Your_Journal_Article_in_Twelve_Weeks.htm

Bundesbericht Wissenschaftlicher Nachwuchs 2008 (BuWiN) Berlin. Online abrufbar unter https://www.buwin.de/dateien/2008/buwin_08.pdf (20.04.2019)

Bundesbericht Wissenschaftlicher Nachwuchs 2013 (BuWiN) Statistische Daten und Forschungsbefunde zu Promovierenden und Promovierten in Deutschland. Bundesministerium für Bildung und Forschung. Abrufbar unter: https://www.buwin.de/dateien/2013/6004283_web_verlinkt.pdf (20.04.2019)

Bundesbericht Wissenschaftlicher Nachwuchs 2017 (BuWiN) Statistische Daten und Forschungsbefunde zu Promovierenden und Promovierten in Deutschland. Bundesministerium für Bildung und Forschung. Abrufbar unter: https://www.buwin.de/dateien/buwin-2017.pdf (20.04.2019)

Buzan, Tony (2013): Das Mind-Map-Buch: Die beste Methode zur Steigerung Ihres geistigen Potenzials. München: Mvg-Verlag.

Bolker, Joan (2007): Writing your dissertation in fifteen minutes a day. A guide to starting, revising, and finishing your doctoral thesis. [Nachdr.] 18. Pr. New York: Holt.

Dunleavy, Patrick (2008): Authoring a PhD. How to plan, draft, write and finish a doctoral thesis or dissertation. [Nachdr.]. Basingstoke: Palgrave Macmillan.

Ebel, Hans Freidrich; Bliefert, Claus (2008): Diplom- und Doktorarbeit. Anleitungen für den naturwissenschaftlich-technischen Nachwuchs. 3., aktual. Aufl., Nachdr. Weinheim: Wiley-VCH.

Enders, Jürgen/Bornmann Lutz (2001): Karriere mit Doktortitel? Ausbildung, Berufsverlauf und Berufserfolg von Promovierten. Frankfurt. New York: Campus Verlag.

Enders, Jürgen/Kottmann, Andrea (2009): Neue Ausbildungsformen – andere Werdegänge? Ausbildungs- und Berufsverläufe von Absolventinnen und Absolventen der Graduiertenkollegs der DFG. Weinheim: Wiley VHC.

Esselborn-Krumbiegel, Helga (2008): Von der Idee zum Text. Eine Anleitung zum wissenschaftlichen Schreiben. 3., überarb. Aufl. Paderborn: Schöningh (UTB Schlüsselkompetenzen).

Franck, Norbert; Stary, Joachim (2008): Die Technik wissenschaftlichen Arbeitens. Eine praktische Anleitung. 14., überarb. Aufl. Paderborn: Schöningh (UTB Schlüsselkompetenzen).

Graff/Birkenstein (2010): They say/I say. The Moves that matter in Academic Writing. New York: W W Norton & Co Export.

Günauer, Franziska; Krüger, Anne K.; Moes, Johannes; Steidten, Torsten; Koepernik, Claudia (2012): GEW-Handbuch Promovieren mit Perspektive. Ein Ratgeber von und für DoktorandInnen. Bielefeld: Bertelsmann W. Verlag.

Gunzenhäuser, Randi; Haas, Erika (2010): Promovieren mit Plan. Ihr individueller Weg: von der Themensuche zum Doktortitel. 3. Aufl. Opladen: Budrich (UTB Arbeitshilfen).
Kottmann, Andrea; Enders, Jürgen (2011): Alles neu? – Eine vergleichende Analyse der Doktorandenausbildung in den Graduiertenkollegs der DFG der 1990er-Jahre IN: Wergen, Jutta: Forschung und Förderung. Promovierende im Blick der Hochschulen, S. 118–140. Münster: Lit Verlag.
Lange, Ulrike (2013): Fachtexte lesen – verstehen – wiedergeben. Stuttgart: Schöningh UTB.
Murray, Rowena (2008): How to write a thesis. 2. ed., reprinted. Maidenhead: Open Univ. Press.
Nünning, Ansgar; Sommer, Roy (2007): Handbuch Promotion. Forschung – Förderung – Finanzierung. Stuttgart: Metzler Verlag.
Plümper, Thomas (2008): Effizient schreiben. Leitfaden zum Verfassen von Qualifizierungsarbeiten und wissenschaftlichen Texten. 2., vollst. überarb. und erw. Aufl. München: Oldenbourg.
Ruhl, Katrin, Mahrt, Nina; Többel, Johanna (2010): Publizieren während der Promotion. Wiesbaden: VS Verlag für Sozialwissenschaften.
Silva, Paul J. (2007): How to Write a Lot: A Practical Guide to Productive Academic Writing. Washington, DC: America Psychological Association
Scheuermann, Ulrike (2013): Schreibdenken: Schreiben als Denk- und Lernwerkzeug nutzen und vermitteln. Stuttgart: UTB Verlag.
Scheuermann, Ulrike (2011): Die Schreibfitness-Mappe. 60 Checklisten, Beispiele und Übungen für alle, die beruflich schreiben. Wien: Linde (Linde international).
Scheuermann, Ulrike (2009): Wer reden kann, macht Eindruck – wer schreiben kann, macht Karriere: Das Schreibfitnessprogramm für mehr Erfolg im Job. Wien: Linde (Linde international).
Schöneck-Voß, Nadine M.; Wenzelburger, Georg; Wolf, Frieder (2012): Promotionsratgeber Soziologie. 1. Aufl. Wiesbaden: VS Verlag für Sozialwissenschaften.
Wissenschaftsrat (1986): „Empfehlungen zur Struktur des Studiums", Köln 1986;
Wissenschaftsrat: „Empfehlungen zur Förderung von Graduiertenkollegs" in: Wissenschaftsrat: „Empfehlungen und Stellungnahmen 1988", Köln 1989.
Wissenschaftsrat (2002): Empfehlungen zur Doktorandenausbildung. Online abrufbar unter: http://www.wissenschaftsrat.de/download/archiv/5459-02.pdf (13.06.2014)
Wolf, Frieder; Wenzelburger, Georg (2010): Promotionsratgeber Politikwissenschaft. Wiesbaden: VS Verlag für Sozialwissenschaften.
Wolfsberger, Judith (2009): Frei geschrieben. Mut, Freiheit & Strategie für wissenschaftliche Abschlussarbeiten. 2. Aufl. Wien: Böhlau.
Zerubavel, Eviatar (1999): The Clockwork Muse: A Practical Guide to Writing Theses, Dissertations, and Books. Cambridge: Harvard Press.

15 Internetquellen

Überblick über das Promovieren (ab S. 15)

www.kisswin.de/ Informationen zur Wissenschaftlichen Karriere
www.research-in-germany.de Überblick in englischer Sprache/Rubrik für PHD Students,

Promotionsvereinbarungen (ab S. 29)

www.promovierenden-initiative.de/materialien/pv_muster.rtf Mustervereinbarung der Promovierenden-Initiative
www.dfg.de/formulare/1_90/1_90.pdf Empfehlungen der DFG zu Promotionsvereinbarungen

Befristete Verträge in der Wissenschaft (ab S. 49)

www.gesetze-im-internet.de/wisszeitvg/BJNR050610007.html Wissenschaftszeitvertragsgesetz
www.gew-berlin.de/public/media/140213_Broschuere_Befristungsrecht_Endfassung_2014.pdf Ratgeber zum Thema der Gewerkschaft Erziehung und Wissenschaft (GEW)
www.hochschulverband.de/cms1/hochschulgesetzsammlung.html. Webseite des deutschen Hochschulverbandes einsehen

Informationen zur Promotion mit einem FH-Abschluss (ab S. 34)

www.wissenschaftsrat.de/download/archiv/10031-10.pdf
www.bmbf.de/de/1600.php

Stellensuche für die Wissenschaft (ab S. 49)

www.academics.de Stellenbörse für Stellen in der Wissenschaft
www.elfi.info Servicestelle für Elektronische ForschungsförderInformationen
http://jobs.zeit.de freie Stellen von Universitäten

Begabtenförderung in Deutschland (ab S. 49)

www.stipendienlotse.de des Bundesministeriums für Bildung und Forschung (BMBF)
www.stipendiumplus.de Gemeinsame Webseite der Begabtenförderwerke:

www.cusanuswerk.de Cusanuswerk
www.eles-studienwerk.de Ernst Ludwig Ehrlich Studienwerk (ELES)
www.evstudienwerk.de Evangelisches Studienwerk Villigst
www.fes.de Friedrich-Ebert-Stiftung
www.freiheit.org Friedrich-Naumann-Stiftung
www.boeckler.de Hans-Böckler-Stiftung
www.hss.de Hanns-Seidel-Stiftung
www.boell.de Heinrich-Böll-Stiftung
www.kas.de Konrad-Adenauer-Stiftung
www.rosalux.de Rosa-Luxemburg-Stiftung
www.sdw.org Stiftung der deutschen Wirtschaft
www.studienstiftung.de Studienstiftung des deutschen Volkes

Promotionsprogramme (ab S. 63)

www.dfg.de/foerderung/Programme/koordinierte_programme/graduierten kollegs/index.html Informationen
www.dfg.de/foerderung/programme/koordinierte_programme/graduierten kollegs/gefoerderte_projekte/index.html Liste der Kollegs
www.dfg.de/foerderung/programme/exzellenzinitiative/graduiertenschulen/ index.html Graduiertenschulen
www.daad.de/international-programmes Internationale Programme

Zur Recherche (ab S. 87)

www.idw-online.de Informationsdienst Wissenschaft
www.ddb.de Deutsche Digitale Bibliothek vernetzt Kultur- und Wissenschaftseinrichtungen
gepris.dfg.de Datenbank über laufende und abgeschlossene Forschungsprojekte

Tagungsdatenbank

www.conferencealerts.com

Workshops zu qualitativen Forschungsmethoden (S. 121)

www.gesis.org/veranstaltungen Methodenworkshops Leibnitz Institut für Sozialwissenschaften
www.qualitative-forschung.de/methodentreffen Summer-School des Instituts für Qualitative Forschung
www.qualitative-research.net Forum Qualitative Sozialforschung (FQS)
www.uni-magdeburg.de/zsm bundesweiter Workshop zur qualitativen Bildungs-, Beratungs- und Sozialforschung

Literaturverwaltungsprogramme (S. 155)

www.bibtex.org/
www.bibliographix.de/
www.citavi.de/
www.endnote.com
www.litlink.ch/
www.zotero.org

Nützliche Software zur Promotion

www.evernote.com
http://macfreedom.com
http://freemind.sourceforge.net
http://tineye-reverse-image-search.softonic.de
https://www.wunderlist.com/de

Webseiten der Autorin/Coachingzonen

www.facebook.com/pages/Coachingzonen/559655720714871?fref=ts
www.coachingzonen.de
http://blog.coachingzonen.de

Eigene Notizen